U0902609

资深HR助你找到好工作

求职锦鲤养成手册

卢 珊 著

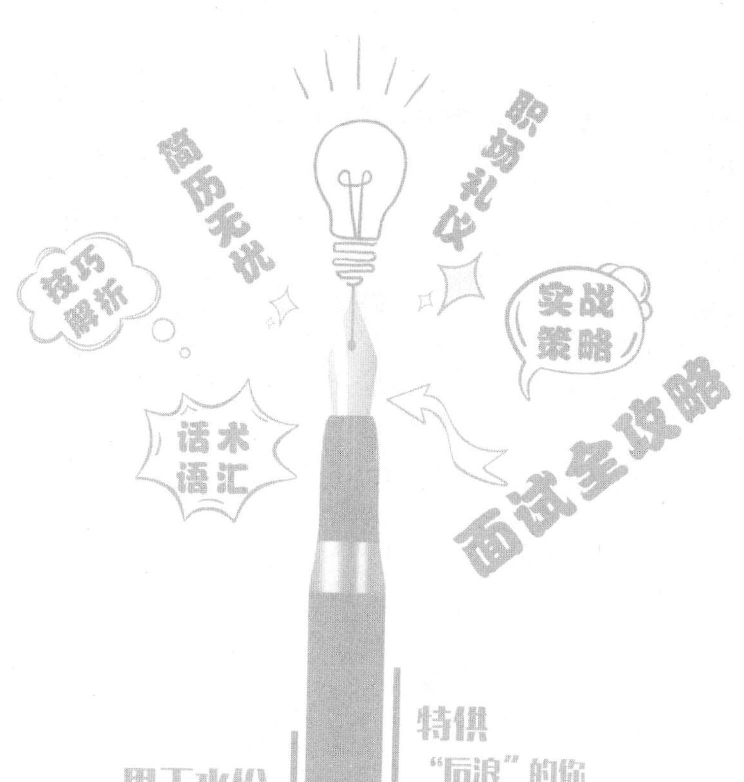

中国书籍出版社
China Book Press

图书在版编目（CIP）数据

求职锦鲤养成手册：资深 HR 助你找到好工作 / 卢珊著 .-- 北京：中国书籍出版社，2021.1

ISBN 978-7-5068-7782-4

Ⅰ. ①求… Ⅱ. ①卢… Ⅲ. ①职业选择 Ⅳ. ① C913.2

中国版本图书馆 CIP 数据核字（2019）第 287726 号

求职锦鲤养成手册：资深 HR 助你找到好工作

卢　珊　著

责任编辑　周春梅　王　淼

责任印制　孙马飞　马　芝

封面设计　中联华文

出版发行　中国书籍出版社

地　　址　北京市丰台区三路居路 97 号（邮编：100073）

电　　话　（010）52257143（总编室）　（010）52257140（发行部）

电子邮箱　eo@chinabp.com.cn

经　　销　全国新华书店

印　　刷　三河市华东印刷有限公司

开　　本　710 毫米 ×1000 毫米

字　　数　174 千字

印　　张　16

版　　次　2021 年 1 月第 1 版　2021 年 1 月第 1 次印刷

书　　号　ISBN 978-7-5068-7782-4

定　　价　65.00 元

序言

同于以往，当毕业季、就业季来临之时，大家会普遍感到“就业难”。究其原因，既有对就业形势的感性认识，也有对涌入市场的近千万应届毕业生数量的高度敏感，还有就业主体在求职过程中因竞争性和不确定性而产生的焦虑。纵观市场需求，虽然就业人数可观，但用人单位的总体需求量却超出供给。因此，“就业难”主要是结构性难题，难就难在“匹配”，即供需双方在地理上、期望上以及任职能力要求上的匹配。

而不同于以往的是，一些新要素会在未来加重就业的结构性矛盾，甚至会改变供需数量的对比。第一个要素是智能机器人的应用，这不仅会降低劳动力需求，而且会导致新岗位的出现，进一步引发就业能力错位。第二个要素是灵活用工，主要表现为将岗位职责分解成更细化的工作任务，然后通过人力资源服务机构进行外包，或在线交付，或集约化处理，这将导致劳动力需求数量下降。

对于就业个体而言，为了更好地适应新的就业形势，一方面，要全面认识就业市场现状与发展；另一方面，要加强自身的就业能力塑造。这就要求就业个体能够发挥更多的主动性，去提升与就业、职场相关的综合能力。最底层的是解决就业的基本能力，其次是适应职场并施展才华的通用能力，再向上就是具备规划职业生涯、获得满意度与成就感的能力素质。

《求职锦鲤养成手册》就是这样一本提升求职技能的辅导读物，旨在通过生动的案例讲解，帮助年轻人解锁就业市场信息、职业生涯规划、简历编辑撰写、面试沟通技巧等系列技能包，并辅以练习加深技能包的实践落地。在系统讲解求职理论及知识框架的基础上，重点强调“方法论”，授人以“渔”，而非单纯的授人以“鱼”。同时，这还是一本轻松幽默、适宜

"悦"读的书：

它有故事，面试实例里的成成败败杀伐博弈，甚是精彩好看，是一本集成丰富案例的故事书；

它有落地，无领导小组讨论角色策略、工作—生活平衡策略、面试备战练习汇总等系列技能，上手上脑，实用高效，是一本现用现教、以一当十的求职工具书；

它有方法，明晰职业梦想、锚定职场定位、稳定求职心态、升级求职技能、打造职场形象，适配场景，活学活用，是一本百试不爽的职场攻略。

因此，我愿意将此书推荐给就业压力山大的在校大学生，帮助他们了解就业市场与校园招聘，正确认识职场与工作，正确认识理想与现实，正确认识自己。书中提供的方法、模板、职业语汇能够立竿见影地帮助他们掌握简历编写，丰富的案例与素材线索能帮助他们构建起面试沟通资料库，从二维到三维，迅速将自己塑造成具备良好求职技能的竞争型选手。

我愿意将此书推荐给初入职场、略感迷茫的年轻人，帮助他们正确解读"匹配"，正确对接个人能力、意愿、价值观与行业、企业、岗位需要，打造专业化的职业形象，并能通过个性化、高效率的沟通，清晰传递职业形象，真正进化成为向着梦想砥砺前行的职业人。

我还愿意将此书推荐给家中子女初长成的家长朋友，帮助他们了解就业市场趋势、招聘准备安排、沟通社交技巧等，启发他们将宝贵的职场与人生经验淬砺成孩子更易接受的碎碎念，与年轻人搭建起顺畅的"过去与未来"的职场对话。

作者劳心劳力，劳人之大事；愿助人就业立业，成人之至美。

杨伟国

中国人民大学劳动人事学院院长

二零二零年秋于人大求是楼

推荐语

找到合适的人，是一个企业成功最重要的一步。找到合适的工作，对一个初涉职场的人，或许就会影响他（她）的一生。在职场和新生代观念都在发生巨变的时代，很容易在变局中迷路，也很容易在西瓜和芝麻的取舍中犯错，给企业招致不必要的麻烦，给自己带来太多的弯路、岔路，甚至是需要花费毕生去改正的错路。有一本书轻轻提醒自己，深吸一口气，站上一个高地看远些、看深些，还真是一条锦鲤。

——得分金融科技创始人、执行董事、瑞银证券（中国）原总经理程宜荪，得分金融科技总经理、央行中央外汇业务中心原数量总监徐晓红夫妇

每个人都是自己人生的投资人，找工作、选工作就是一个投资决策的过程，一旦做了决策，我们将为之投入比金钱更昂贵的东西——时间。如何获得那份理想的工作，做出正确而成功的人生投资，是即将步入职场的毕业生和诸多已经在工作岗位的职场人士永恒的思考。本书正是对这个思考的答疑解惑，不但可以帮助读者提升对自己的认知，对工作的认知，对面试问题的理解和认知，从而达到知己知彼之效；同时通过对经典方法论的案例化讲解，指导求职者快速提升其内在沉淀和外在表现，从而达到内外兼修之美。

——小米生态链企业石头科技联合创始人、CTO 吴震

世界上最好的大学也无法提供完美的职场教育，更无法左右一个青年的诗和远方，然而这本书里传达的逻辑与方法却很好地弥补了这一点。推荐给象牙塔里的青年们，CC 微信家长群，校园不同于职场，智商不等于职商，有些事儿你们还是早点知道为好。

——英国社会科学院院士、清华大学特聘教授 关大博

求职好比相亲，凭什么能让对方在短时间内爱上你？什么样的简历会让你第一眼看到就觉得亲切，想多看几眼呢？根据我这些年面试招聘的感受，那些有温度的、传递真实信息的求职材料更加吸引人。而这本书就是讲述如何有温度地求职，做自己的锦鲤。

——北京朝阳大悦城总经理 李瑞

作为经常担当招聘官的我，怀着好奇想了解作者以怎样一个角度来写“求职锦鲤养成手册”，毕竟市场上充斥着各种求职攻略、法术、突围，要脱颖而出是 mission impossible。作者却为我们带来了惊喜，略略一扫，惊讶于本手册超强的可操作性和直截了当的风格：作者知无不言，言无不尽，没有求职经验的读者可以把本手册当作求职词典；对于希望获取招聘经验的 HR 读者，本书罗列和介绍了经典并广泛使用的招聘工具，可以作为招聘新人的培训指南。恭喜作者的第一本书，期待她继续为我们带来实用性和专业性兼备的作品。

——神州数码控股有限公司人力资源副总裁 孟震

这本书在注重实操性的同时，又深入浅出地提供了相应的理论基础，让人不光知其然，还能知其所以然，是深度思考职场规划的利器。我认为这本书不仅对应届毕业生和初入职场人士有指导意义，对从事招聘和人力资源管理的人士在成为 Talent Manager 及 Trusted Advisor 的道路上，也多了一种借鉴和参考。

——微软高级人力资源经理 刘晓军

从学校到职场迈出的这一步不仅是身份的转变，更是人生中重要的成长节点。通过每年与在校学生交流职业发展规划话题，我发现学生们的很多困惑和惶恐来自于对内不了解自己，对外不了解行业和机构。所以当我一口气读完本书后大感酣畅淋漓，不仅有完整的概念框架，更有翔实的数据和案例；不仅是手把手教求职，更是教正确的职场态度和人生态度，相信本书会对广大大学生和职场人士有积极而深远的帮助。

——中国互联网投资基金人力资源部业务董事 丁睿

衷心推荐这本书给所有准备和正在求职的读者，除了实用的面试技巧外，更讲解了社交沟通技巧、为人处世方法、当代职场规则。难能可贵的是，作者不是泛泛而谈，均用实例举证，帮助读者消化理解，其用心之良苦，读者驻足随手翻上两页便深有体会。作者真的把复杂的东西，碾碎了磨成粉冲成汤，无需咀嚼便能受益良多。

——热心读者 李维超

How to Use This Book?

手册使用说明

“锦鲤”是一种神秘的气场，所求之事，无所不成，所过之处，幸运垂青。大学生在找工作时，不难发现即使大家都是职场新人，怎么就有一部分同学自带锦鲤光环呢？

他们通常是：

面霸，大热用人单位面试常客，全能型选手，最终拿到全部Offer（工作录用函）；

黑马，扮猪吃老虎的心机Boy（男孩儿）/Girl（女孩儿），特别不起眼，却总能出人意料屡折金桂；

中奖专业户，明明是个要啥啥没有的“小透明”，却天生克面试官，无往不利，让人大跌眼镜；

……

求职中的“谜之躺赢”让人感到迷茫，生活中的“锦鲤附体”也是屡见不鲜——有时候，拼爹、拼学校、拼颜值似乎并不能解释其所有，于是大家就得出一个似是而非的结论：锦鲤星人的好运气！

然而，求职成功真的只靠运气么？

如果深挖“求职锦鲤”的共性，普遍发现他们“很会说话”、“挺会来事”、“体面光鲜”。是的，“会说话”是良好沟通能力的体现，“会来事”是能够正确地抓住机会表达诉求，“体面光鲜”则体现了从“新人”向“社会人”身份意识的主动转换，这些都帮他们进阶成为职业人士1.0。如果他们通过逐步增强求职技能指数升级成为职业人士2.0，甚至职业人士3.0，举一反三，活学活用，势必过关斩将，所向披靡……

换成用人单位的角度想问题——找人才就像选产品，不同版本的产品中势必选高版本的，它们功能强大还兼容、升级与维护成本低，性价比更好。因此，教大家如何写简历、笔试、面试仅仅是初级玩家，打造高版本求职锦鲤才是本书的真正目的：

锦鲤1.0 了解就业市场与招聘活动，能够正确认识职场与工作，能够正确认识自己。书中提供的方法、模板、职业语汇能够立竿见影地帮助你掌握简历编写，丰富的案例与素材线索能帮助你构建起沟通资料库，从二维到三维帮助你成为掌握求职基本技巧的**初级选手**。

锦鲤2.0 正确解读“匹配”（机构与个人匹配、个人与职位匹配等），正确地对接个人能力、意愿、价值观与行业、企业、岗位需要，初塑求职者职业形象，并能通过个性化、高效率的沟通清晰传递职业形象，成为一条手握 Offer 的**职场锦鲤**。

锦鲤3.0 懂得“规则”，通过求职了解职场的游戏规则，从“匹配”的角度出发重视自身职业素养的提升与职业道德的培养，用才华把握机遇，以专业精神灌注个人职场品牌的灵魂，积累职场信用，从而葆有可持续发展实力与魅力的**专业人士**。

锦鲤4.0 悟到“成长”，了解工作与人相辅相成、互相促进“双螺旋”关系，即工作发展性地要求个体不断成长，个体通过更好地完成工作实现自我价值，在提升工作含金量的同时平步青云，成为有能力规划自我成长、保持终身学习的“**大蓝筹**”。

锦鲤5.0 掌握“规律”，了解职场与工作的运转模式和方法论，通过学习进行自我调整，顺应它、适应它、运用它，借力升级，成为一个成熟自主、能够敏锐挖掘机遇、随时爆发出兴奋点、坚持不懈获得成功的**职场达人**。

锦鲤6.0 通达“人生”，了解“本我”，追寻“真我”，真正地将自己的理想、需求与工作匹配，将工作升级为事业，将“我成功”升级为“我们成功”，在获得自身与外界双重认可的同时，不忘初心、无谓得失、淡定自在，成为掌握人生与事业双赢的方法与心法的**自在人**。

所以，本书的养成群体并不局限，不但毕业生需要，还在职业起点蒙圈的新人也需要；不但从事商务管理需要，做科研、搞艺术也同样需要。主要有两个原因——

狭义地讲，无论专业和教育背景，求职招聘对求职者的考察绝不仅限于知识与技术，而是更关注他们的综合素质与发展潜力。因此，即使是华为、思科这样的 IT（Information Technology，信息技术）企业，笔试、面试中的测评工具也衍生出多种模式，比如心理测评、管理评价中心等。HR（Human Resource，人力资源）毒辣的眼光不仅审视着冰面上的现期收益，也意图一窥冰面下的宝藏潜能，以待来日采撷。

广义地说，在生活与工作中，只要在群体中有横向的获取与维系的需要，就有沟通：从见不到人的正式或是非正式的沟通——公文流转、考试、微信聊天，到见得到人的正式或是非正式的沟通——MBA 面试、奖学金面试、法庭庭审、卖保险、处理交通事故、参加家长会，甚至交友、相亲、见家长……大部分场景下，如果能将面试沟通技巧推而广之，做到快速审视环境、评估对手、自身定位、选择策略、自主沟通，顺利搞定导师、老板、客户、丈母娘……都会为你带来理想的横向成果。在处理与自己的关系，即纵向的发展需要时，如果能够制定明确的目标与规划，通过不断“自我对话”激发自我成长与终身学习，保持一个旺盛的发展态势与硬核的发展能力，势必引导你从“求职小锦鲤”逐步升级打怪，最终成为“职场锦鲤”、“业界大咖”，这是为你带来持续上升动能的纵向红利。

因此，阶段性地解决简历与面试只是一小步，引导大家认识自己的锦鲤体质、求得可持续发展才是一大步。这也更好地解释了一部分读者的疑问——“我是理科生，是不一样的烟火，我想成为一名优秀的程序员 / 一名合格的医生 / 一名伟大的建筑师……既然没想领导谁，那么磨炼技能就够了，难道我也得进行自我认知，懂沟通、善交往吗？”

答案是：你需要！

职场就像是一个生态系统，有生产者、消费者、分解者，他们相互作用，形成闭环，因此就有所谓的共生共存、适者生存、优胜劣汰……程序员也需要搭档，项目经理管理开发进度、测试工程师寻找漏洞；医生要医治疾病，但也要重视多科室配合、协调医患关系；建筑师想要通过地标性的作品表达职业追求，首先必须洞悉客户关键需要，拿到标的。职场中有太多组成要素，需要你花精力去协调平衡，不是一句“不想当领导”就能偏居一隅、独善其身、随遇而安的。此外，无论你现在的职业目标和起点是什么，切记要发展地看待职场与工作。职场环境与个体是动态交互的，而每个个体的需求又是不断进化的——现在做扫地机器人的程序员，将来就想做擦地机器人、扫雪机器人、除草机器人、烹饪机器人；现在周而复始做 B 超的医生也会有野心发展介入技术，逐渐由辅助诊断技术的幕后转到可主动参与治疗的前台；一个委身于 CAD、终日迎合甲方要求的设计师，终有一天想通过作品展示个人风格与能力……人们的职业需求是动态发展的。为什么？因为人不是机器，不可能永无止境地重复劳动下去。

在未来中国职场与社会上，价值观愈发包容，大多数人会认同职业生涯的终极梦想并不一定是“当领导”，肯定也包括：成为一名资深专家，反哺某个行业或是某个群体；成为一名优秀的匠人，传承及创新一门工艺技术；成为一颗踏实的螺丝钉，保障系统顺利运转，成为某项事业的有机构成。无论我们的职业目标与终点是什么，是宏大的，还是微小的，都需要在职场这个生态群落里适应并生存下来，而后不断成长，根据环境需要，驱动自体突变、修复与进化。

在职业生涯的开端，与其临渊羡鱼，不如退而结网，让更加理性的环境定位与自我判断、更加完善的心态建设与技能储备、更加清晰的求职目标与职业规划，助你打开视野、拓展格局、积极筹谋、厉兵秣马，有朝一日，必能化鱼成鲤，飞越龙门、一鸣惊人。

目　录

CONTENTS

第一章 通达职场

What is a Career?

本章聚焦：

- 就业市场的『外部调研』
- 个人就业实力的『内观』
- 明确职场人设
- 确定就业预期

谋求职场中的一席之地，求职者首先要了解“坐标系”——就业市场，其次要明确“象限”——职业梦想，最后要落实在找寻“坐标”——根据职业竞争力摆正自身位置。大家可以通过人力资源市场的晴雨指标，洞悉竞争态势；通过工作分析、实习体验等，总结职业梦想；通过职业兴趣、气质类型等各类测评手段，了解自己的职业潜能。外研内观之后，便交汇出一个新的区间——就业预期。合理的就业预期，就是梦开始的地方。

第1话

关于职场·梦想在哪里

Where is My Dream?

梦是一个虚幻的构成，难于描摹，因此难于掌握，这便是求职者面临的第一个难题。特别是在找工作忙活了半天没有结果后，大家通常会蒙圈地问自己——我是谁？我在哪儿？我在干什么？

想要避免做无用功，最行之有效的办法就是行动之前就要明确："我在哪儿？"，即就业市场全貌；"我要征服哪儿？"，即我能力所及且心向往之的工作目标。因此，第一步就是画梦、解梦，让梦想成为一个清晰的画面，进而分解为可落实的行动步骤。

求职坐标系——解读就业市场

职场新人包括毕业生、工作5年以内的从业者，他们是站在Real World（现实世界）的大门口，却困惑徘徊、不得机要而入的一群人。他们的相似性很高，集中地表现在受教育程度高却职业化程度低这个矛盾上，这既是他们将知识转化为劳动力的动能，又备受知识-劳动转化率低的牵制，可谓喜忧参半。当然，与工作经验丰富、职业化程度较高的劳动群体相比，他们的平均薪酬期望相对较低，因此在经济角度上存在一定竞争优势。然而，如果他们的薪酬期望提升，会不会逐渐消化掉优势？因此，“期望薪酬”等诸多要素正在影响着就业市场，它们是重要的晴雨指标，可帮助解读就业环境，以便制定合适的策略。

求职者可以通过各种渠道来了解就业市场晴雨，特别是运用如下关键词和关键数据：

· 国民生产总值GDP增速及失业率。美国著名的经济学家阿瑟·奥肯发现了周期波动中经济增长率和失业率之间存在一定的经验关系，即失业率和国民生产总值是成反比的。当国家经济表现理想时，一定与就业情况互为因果，相得益彰，那么就业机会相对充分，劳动力市场表现比较友好。

· 就业人数、就业率及趋势（近3~5年）。能够从一定层面上了解就业市场的供需变化，特别是关注相关细分专业/行业的供需变化。

· 期望薪酬、平均薪酬及其变动趋势。期望薪酬指的是某个群体对收入的预期，也从一个侧面反映了供需情况；而平均薪酬则反映了实际收入。

· 就业景气度及其变动趋势。中国大学生就业景气度（CIER）反映了一个大学生求职者面对的岗位数量需求。如果说就业率揭示了结果，那么CIER则揭示了大学生在市场上受欢迎的程度。例如2018年的大学生就业景气指数为2.68，说明每1个大学生有2.68个岗位在虚位以待。2018年CIER＞1无疑是个好消息，同时企业招聘需求量增幅（81%）快于大学生求职投递人数增幅（21%），2018年CIER上升。相反地，如果CIER＜1，那么意味着一个人要与更多人竞争一个职位。以2017年、2018年大学生就业市场的相关参数进行举例解读：

就业参数	2017年	2018年	变动趋势
国民生产总值GDP增速	6.9%	6.6%	2018年第三季度增速为6.5%，为2008年金融危机后最低季度增速，经济运行稳中有变，下行压力加大
失业率	3.9%	4.8%~5.1%	2018年较2017年略有上升，但总体就业稳定
大学生就业人数（万）	821	834	增长了13万人，约1.6%
大学生（本科）就业率	91.6%	91.8%	基本持平
大学生就业景气度	1.78	2.68	景气度上升，意味着供需双方的积极态势
大学生（本科）期望薪酬（元）	5409	5331	期望薪酬略有下降（1.4%）
大学生（本科）实际薪酬（元）	4041	3791	实际薪酬下降（6.2%），比期望薪酬下降幅度更显著

数据来源：1.国家统计局；2.《2017就业蓝皮书》，麦可思；3.《就业蓝皮书：2018年中国大学生就业报告》，麦可思；4.《2019年应届大学生就业景气大数据报告》，智联招聘；5.《2018中国大学生就业质量研究》，新锦成研究院。

在掌握基本情况后，求职者还可以就学历、行业、职位、企业性质与规模，根据自身情况考察期望职业的具体情况。举个例子来说，2018年本科生平均薪酬最高的前三个专业是网络工程（5475元）、光电信息科学与工程（5363元）、物联网工程（5194元），而与之相关的互联网行业的景气度却出现明显下滑。也就是说互联网行业中，高薪职位的供给情况在紧缩，收入高的好机会变得更为紧俏，竞争更加激烈。不过，必须注意的是，尽管景气指数下滑，至少互联网行业还能达到2.7，而有些行业的CIER却连年小于1，如航空/航天研究与制造、银行、能源/勘探、水利/电力、重工业等。其中，银行业景气指数下滑最为明显，从2017年的0.64降低到2018年的0.13，也就是说从1.6个人竞争1个职位激化到7.7个人竞争1个职位。如果试着分析原因的话，一方面，受宏观经济影响，用人单位减员增效，比如国内“去杠杆”经济政策调控手段施行、金融行业资管新规、规范P2P等，对金融行业产生了较大影响，进而影响到了人才队伍的配置。另一方面，专业过于集中在前景较好、薪资较高的行业。

如果参照考察其他行业，还能看到不同群体之间的替代作用，比如大学生电力行业景气指数始终小于1，可是2016年高职高专就业率前三位的专业却是高压输配电线路施工运行与维护、电力系统自动化技术、电力系统继电保护与自动化，差不多3个人中就有1个能顺利取得电力行业的岗位。也就是说，凭借技术水平过硬和薪酬期望较低，高职高专学生分走了可观比例的蛋糕……这都提醒着大家，不要盲目择业，不要盲目乐观，要对专业对口或是兴趣相符的行业有一个宏观的认识，同时对自己在这个行业中有一个理性的定位。那么，可以试着问自己这么几个问题：

· 我的学历够用/过度吗？

· 我的专业热门/冷僻吗？

· 我对理想行业的薪酬满意吗？

· 要获得理想行业的职位，我需要PK挑战几个人？

· 我的实力能够支持我PK这些人吗？

- 我的备选行业、职业是什么？
- 我有实力进入的行业、获取的职位是什么？

当你能够回答这些问题时，你对就业市场和自身位置已经有了一个基本的认识。恭喜你，你已经离梦想更近一步了！

求职象限——解读职业梦想

职业梦想从何而来？是与所学专业对口，是来自父母师长的殷切期望，甚至是他们未实现的理想、抱负，还是认为钱多权重就是好的？回顾近20年来大学生专业选择（某种程度上代表了就业方向）的变化，会发现先是一大波的“IT潮”，接着是一大波的“金融潮”。但是，如果这些“金领”工作并非自己真爱的话，恐怕难逃一场由“错配”带来的灾难，一份工作也难以成为毕生执着追求的事业。因此，所谓“好的”工作并不一定是大家“想要的”，比起盲从，大家更需要把主观意向抽丝剥茧，认清自身实际情况，使就业意向更加符合自身的特点和预期。

那么，什么是“工作”？什么又是“好工作”？

Step1　了解职业分类，就是所谓职业“象限”。划分职业象限的方法很多，比如大卫·坎贝尔（David Campbell）通过工作性质与职业兴趣导向划分出七类职业，称为“兴趣导向模型”（the Seven Interest Orientation Model）：

· 生产导向：园林工程师、维修工程师、木匠、电气工程师等。

· 分析导向：物理学家、化学家、药师、环境工程师、人类学家、心理学家等。

· 创新导向：艺术家、舞蹈家、音乐家、作家、建筑设计师、装修设计师等。

· 协助导向：教师、职业顾问、医生、护士等。

· 影响导向：厨师、导游、美发师、保险推销员、地产经纪等。

· 组织导向：会计、行政、人事、图书管理员等。

· 冒险导向：运动员、探险家、军人、警察等。

Step2　在描述“我想要怎样的工作”之前，更容易的是找到“我最不喜欢的 / 不能接受的工作”。你可以根据以往的工作、实习经历，或者书本、电视上看到的对职业和工作的描述，挑出或补充一些关键词条去描述不喜欢的 / 不能接受的工作。需要明确的是，对工作的好恶并没有对错，仅仅代表了个人的价值观、生活方式和职业兴趣。所以，请尽量多地选出关键词条。

【练习 1】

关键词条举例（能否接受？）：

朝九晚五	是□　否□	弹性工作	是□　否□
自己制定计划	是□　否□	在上级指示下工作	是□　否□
通勤上班	是□　否□	在家附近上班	是□　否□
穿职业装	是□　否□	穿工作休闲装	是□　否□

续表

在团队中工作	是□　否□	独立工作	是□　否□
轻松工作氛围	是□　否□	正式严肃工作氛围	是□　否□
任务有截止日期	是□　否□	创造性的工作	是□　否□
旱涝保收	是□　否□	三年不开张 开张吃三年	是□　否□
有挑战性	是□　否□	人际关系友好	是□　否□

例如，对于明雅来说，她首先列出了“不喜欢”的6个关键词条：

不喜欢	喜欢
老板指派工作	
一天到晚站着工作	
烦琐无聊的工作任务	
挑剔的顾客	
穿制服上班	
时间安排经常有变	

于是，“喜欢的工作”关键词条就呼之欲出了：

不喜欢	喜欢
老板指派工作	老板能够教导、尊重下属
一天到晚站着工作	坐办公室且中午能外出散步10分钟
烦琐无聊的工作任务	工作任务多样，每天过得充实
挑剔的顾客	素质好的客户/合作伙伴
穿制服上班	对工服无要求
时间安排经常有变	相对稳定的工作安排
	友好和谐的人际关系
	干净体面的工作环境
	能够提供岗位及业务能力培训

我们注意到，在“不喜欢”的对立面之外，明雅又增加了3项认为重要的关键词条，这使她的就业意向更加具体。从“不喜欢”倒推“喜欢”，这样做的好处是减少了周围的主观影响，更尊重求职者内心的声音和诉求。通过这种刻画，你大概可以初步找到适合自己的象限了。

Step3　描述梦想。下面就可以放轻松，在脑海中假想一下你做着喜欢的工作，你是如何与上司、同事相处的，你怎么去见客户，如何在会议中表达观点，哪些最先浮现在你的脑海里呢？是工作环境？是工作内容？是一起工作的人？是学到的知识技能？是功成名就，还是默默奉献？

【练习2】

梦想是多维的，丰满的职场梦想注定来源于对各个因素的设定：

① **我是谁？**职场经历将伴随我们的成长与发展，在不同阶段，我们要随时调整关于“我是谁”的定义，步入职场、婚恋、生儿育女、职业瓶颈、退休都是大部分人会经历的职业－生活阶段。每个阶段中，对工作与生活的理解与选择是因人而异的。比如说，有的职场妈妈更愿意选择家庭与子女，有些则更重视工作与机遇。梦想的起点应该从认清现阶段的“我是谁”开始。

答案：我是____________________________

② **我的价值观是什么？**价值观是人生中最重要的态度和信仰，区分是非，明辨黑白，确认底线。它的内容很宽泛，并与行为密切

相关，比如有人认为“可以承担风险，但必须安全第一”，又如在一段关系中“相互依靠的同时要保持个体独立”，择业中“只要钱多做什么都能将就”。同样的，价值观也影响择业，它是你的主心骨，帮你剔除掉底线下的择业影响要素，选择最合适的工作内容、环境和与之伴生的生活方式。

答案：我认为人生、事业最重要的是________________

____

____

③ **我喜欢做什么？**花点时间回顾一下你爱看的书/愿意花时间、花精力做的事/不考虑成本多寡也愿意做的工作，特别是那些能让你早起或晚睡的事/等不及就想做的事/希望每天多出一小时能让你做的事。

答案：我喜欢________________________

____

____

④ **我能做好什么？**从童年开始最擅长的事情/别人经常称赞只有你能做好的事情/你能轻松掌握并驾驭的事情，比如解读微表情，精于计算并迅速分析复杂环境，善于提点子、出主意，等等。

答案：我擅长________________________

____

____

⑤ **我想在哪儿生活？**职业和生活肯定是相辅相成的，工作与生

活便利性的权衡中，理想状况肯定是二者都不屈就，但是往往很难两全其美，这就要求事先明确二者的平衡关系，比如是否愿意挑战不同城邦文化/工作与家的物理距离/身体状况适应的气候条件/社交关系网的地缘优势。

答案：我想住在＿＿＿＿＿＿＿＿，是因为＿＿＿＿＿＿＿＿

＿＿＿＿＿＿＿＿＿＿＿＿＿＿＿＿＿＿＿＿＿＿＿＿＿＿＿＿＿＿

＿＿＿＿＿＿＿＿＿＿＿＿＿＿＿＿＿＿＿＿＿＿＿＿＿＿＿＿＿＿

⑥ **我想挣多少钱？**大家可能认为这个问题最好回答。诚然，钱是工作中最重要的激励因素之一，自然是越多越好。然而，职场和生活都是复杂的，权重也是不断变化的，在一些特殊情况下，钱并不一定是最主要的择业因素。无论如何，先认真考虑一下近3年你的期望薪酬及原因。

答案：我想挣＿＿＿＿＿＿＿＿＿＿＿＿＿＿＿＿＿＿＿＿＿＿

＿＿＿＿＿＿＿＿＿＿＿＿＿＿＿＿＿＿＿＿＿＿＿＿＿＿＿＿＿＿

＿＿＿＿＿＿＿＿＿＿＿＿＿＿＿＿＿＿＿＿＿＿＿＿＿＿＿＿＿＿

举个例子，一位已经工作5年、育有一幼子的梦馨女士重返校园获得了硕士学位，作为毕业生二次进入就业市场时，根据上面的方法，她对自己的职业梦想有了新的诠释：

“我是一个有5年工作经验，刚刚脱产获得硕士学位的30岁高龄毕业生，儿子今年4岁。就业市场对我这样的人来说不甚友好，特别是生育了一孩，没有二孩的年轻妈妈，如果细分出来考量就业率的话，恐怕是最低的吧。不得不承认的是，即使渴望在30岁的当口能够追求事业的腾飞，但是也不得不考虑家庭的实际需要，比如稳定的收入，加班或出差不要太多，上班地点不要太远，工作时间最好灵活弹性，能有时间多陪陪儿子。对于我来说，工作内容和培训十分重要，能让我学到更多东西而不仅仅是重复劳动，可以让我在竞争激烈的职场中保有可持续发展的能力。人际关系环境也很重要，每天三分之一到二分之一的时间都要花在办公室里，实在不想面对太硬核的领导，太虐心的办公室政治。我特别擅长分析型的工作，面对数据远比面对人来得轻松，我可以非常有逻辑性地、透彻地挖掘真相，表达观点。薪水在现阶段固然重要，但是为了时间精力能够向家庭适度倾斜，我也愿意少挣点钱。”

有了以上信息，职场妈妈梦馨的职业梦想正在逐渐清晰。

第 2 话

关于定位·职场人设是个啥

Where am I?

当梦想的画面逐渐清晰，问题又来了——有时梦想过于丰满、美好，以致梦醒时分难免因为现实的骨感而暗自神伤，就像梦馨女士找到完全令她满意的工作确实太难。因此，让自己的梦想不好高骛远、接地气很重要，这就要求职者花些精力做一次关于职业兴趣与性格匹配度、价值观、求职动机的“内观”——以了解在就业市场这个大的坐标系下，在关注的就业象限内，自己身处何方，又该何去何从。

什么是理想的工作？研究表明，求职者初入职场满足心理需要远比满足财务需要更为重要，而这种心理满足来源于对组织（即用人单位或雇主）、职位和企业文化的“匹配性认同”（Perceived Fit），也就是说“适合”的工作才是最好的工作。而衡量一个职位是否适合自己，主要校准几个维度：兴趣、气质与性格、技能、动机、价值观。

兴趣

全面地了解兴趣与职业，需要求助一位行业大咖——美国约翰·霍普金斯大学心理学教授约翰·霍兰德（John Holland）。他划分出了6种职业兴趣的基本类型，当人们的兴趣倾向与职业类型相匹配时，则臻于能动性与满意度双升的理想境界，谓之“职业兴趣理论”。求职时，霍兰德测验量表可以帮助求职者找出与兴趣相匹配的职业类型；对于那些已有明确工作意向的求职者，测试的结果可以帮助校准目标职业。

职业兴趣倾向

实际型（R）：愿意使用工具从事操作性工作，动手能力强，做事手脚灵活，动作协调；偏好于具体任务，不善言辞，做事保守，较为谦虚；缺乏社交能力，通常喜欢独立做事。典型职业：技术性职业（计算机硬件工程师、摄影师、制图员、机械装配工程师），技能性职业（木匠、厨师、技工、修理工程师、农民、一般劳动者）。

调研型（I）：思想家而非实干家，抽象思维能力强，求知欲强，肯动脑，善思考，不愿动手；喜欢独立的和富有创造性的工作；知识渊博，有学识才能，不善于领导他人；考虑问题理性，做事喜欢精确，喜欢逻辑分析和推理，不断探讨未知的领域。典型职业：科研人员、教师、工程师、软件开发工程师、医生、系统分析员。

艺术型（A）：有创造力，乐于创造新颖、与众不同的成果，渴望表现自己的个性，实现自身的价值；做事理想化，追求完美，不重实际；具有一定的艺术才能和个性；善于表达、怀旧、心态较为复杂。典型职业：演员、导演、艺术设计师、雕刻家、建筑师、摄影家、广告制作人、歌唱家、作曲家、乐队指挥、小说家、诗人、剧作家。

社会型（S）：喜欢与人交往，不断结交新的朋友，善言谈，愿意教导别人；关心社会问题，渴望发挥自己的社会作用；寻求广泛的人际关系，比较看重社会义务和社会道德。典型职业：教育工作者（教师、教育行政人员），社会工作者（咨询人员、公关人员）。

企业型（E）：具有领导才能；喜欢竞争，敢冒风险，有抱负；为人务实，做事有较强的目的性。典型职业：项目经理、销售人员、营销管理人员、政府官员、企业领导、法官、律师。

常规型（C）：尊重权威和规章制度，喜欢按计划办事，细心、有条理，习惯接受他人的指挥和领导，自己不谋求领导职务；喜欢关注实际和细节情况，通常较为谨慎和保守，缺乏创造性，不喜欢冒险和竞争，富有自我牺牲精神。典型职业：秘书、办公室人员、记事员、会计、行政助理、图书馆管理员、出纳员、打字员。

职业兴趣测试

职业兴趣测试（Self-Directed Search，SDS）是由60道是非选择题组成的，分析报告展示了被测者的测评数据、常模（正常人群）数据以及二者的比较情况，附六边形统计图。霍兰德将六种兴趣倾向分别放在一个正六角形的各角上，通过雷达图展示这六类兴趣的倾向性及相容性。当职业特征与雷达图越相似，就业过程中面临的内在冲突和犹豫就会越少，即匹配度越高。同时，根据兴趣倾向的相容组合，霍兰德还推荐了一系列与之匹配的职位列表。

下面就是一个求职者澜丰的霍兰德职业兴趣测试报告示例：

报告接收人：澜丰

完成问卷时间：2019/3/5

如数据分析，您的霍兰德代码最有可能是 AER（艺术 18.2% + 企业 15.9% + 实际 13.6%），主要霍兰德代号及相关典型职业是：A（艺术型）。

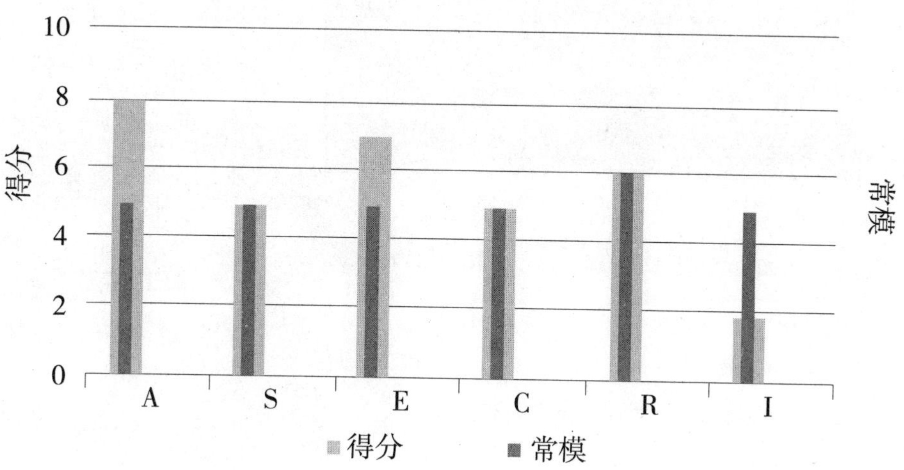

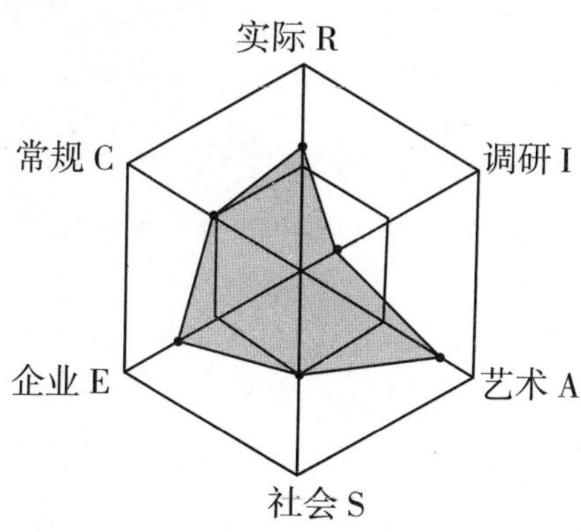

下面是 艺术型（A开头）的其他相关职业列表，你可以从中寻找自己喜欢和感兴趣的职业线索。

ASE：戏剧导演、舞蹈教师、广告撰稿人、报刊专栏作者、记者、演员、英语翻译。

ASI：音乐教师、乐器教师、美术教师、管弦乐指挥、合唱队指挥、歌星、演奏家、哲学家、作家、广告经理、时装模特。

您也许应该成为一名：**摄影师**

或者……

艺术指导 | 魔术师 | 导演 | 博物馆设计 | 动画师 | 策展人 | 创意总监 | 指挥 | 古董交易商

AER：新闻摄影师、电视摄像师、艺术指导、录音指导、丑角演员、魔术师、木偶戏演员、骑士、跳水员。

AEI：音乐指挥、舞台指导、电影导演。

AES：流行歌手、舞蹈演员、电影导演、广播节目主持人、舞蹈教师、口技表演者、喜剧演员、模特。

AIS：画家、剧作家、编辑、评论家、时装艺术大师、新闻摄影师、演员、文学作者。

AIE：花匠、皮衣设计师、工业产品设计师、剪影艺术家、复制雕刻品大师。

AIR：建筑师、画家、摄影师、绘图员、环境美化、雕刻家、包装设计师、陶器设计师、绣花匠人、漫画工。

气质和性格

人们说，“性格决定命运”，翻译成科学家的语汇，就是人的内在气质与外界环境相互作用表现为人的性格，通过决定职业取向和工作业绩，影响人生走向。“气质”与“性格”稳定、可测，因此可以通过各种测量工具反应它们与“职业”的契合度。现在很多用人单位在招聘筛选过程中，会引入类似的测量工具，将结果与常模进行比对后，筛选出更“匹配”的求职者。当然，求职者也可以逆向操作，通过测评，明确自身气质、性格类型，找寻匹配的职业方向。

现在比较流行的气质/性格测评工具有迈尔斯类型指标（Myers Briggs Type Indicator, MBTI）、卡特尔16种人格因素测验（the Sixteen Personality Factor Questionnaire, 16PF）、凯尔西职业人格分类测验（Keirsey Temperament Sorter,KTS）、九型人格（Enneagram）等。无论哪种工具，它们遵循的逻辑一般都是：

① 将气质/性格分成 N 类，经过排列组合产生 M 种人格。

② 设计测试题目。题量有多有少，多者如 MBTI 有187道题，少者如简版的 Keirsey 职业人格分类测验仅有36道题；内容主要围绕“注意力集中在何处”、“获取信息的方式”、“做决定的方法”以及“做决策的过程”，如 MBTI 测试题目“做大家通常会做的事情时，你喜欢按照惯例/另辟蹊径”；题目编排或有序或无序，部分题目对应某一个特定的目标气质/性格要素，例如与“按照惯例/另辟蹊径”相关的“Q1要素”对应的题目就是20、21、45、46、70、95、120、145、169、170这10道题目。

③ 比较与常模是否匹配。在实操比对的过程中，有的参照对象是一般人群常模，有的对现有员工进行测试制作成常模，有的会使用某些特定职业从业人员常模。

招聘中最常见的测评工具恐怕就是 MBTI 和 16PF，它们遵循的是荣格的“人格类型理论”，即对人们在做事、获取信息、决策等方面的偏好从4个维度进行描述，因每个维度都有2级，得到8个方面，排列组合为16种人格类型。

精力支配：外向 E 与内向 I。
认识世界：实感 S 与直觉 N。
判断事物：思维 T 与情感 F。
生活态度：判断 J 与知觉 P。

16 种人格类型

ESFP	ISFP	ENFJ	ENFP
ESTP	ISTP	INFJ	INFP
ESFJ	ISFJ	ENTP	INTP
ESTJ	ISTJ	ENTJ	INTJ

而每种人格在普罗大众的分布是不一样的，比如 ESFP 供给者人格、ISFJ 保护者人格的比例约在10%，而 ENFP 冠军人格的比例为2%~3%，INTJ 大师人格则仅有1%。每种人格因为对待人、事、物过程中不同的价值观和方法论，决定了他们在不同组织类型、职位类型中受欢迎的程度是不同的。

比如 ESFP 演员人格（占比约10%），会将人生和世界看作他们的舞台，他们时刻寻找机遇点亮周围、享受生活，他们仿佛有某种特异功能总能让别人感受到他们的魅力与幽默；然而他们有着完全不能触碰的逆鳞，不懂储蓄，不能承受孤寂与忽视，重视过程，不在乎结果，与他们相关的职业一般是音乐、美术、戏剧等艺术领域。

再比如 INTP 架构师人格（1%），喜欢设计类似学校课程、公司战略、技术创新的理论体系，他们解构世界的方式是通过分析、理解、解释和重建，法则和规律至关重要，高效性与一致性乃是毕生追求的目标；他们会要求自己在任何形式的演讲中高度精确，蔑视直觉，随时察觉矛盾问题，所以，他们通常在和朋友聊天时，都很难容忍对方的错误和空话；他们善于辩论，高速运转的大脑和得理不饶人的嘴巴通常碾压众人；他们不盲从权威，注意力高度集中，喜欢独立安静地办公，谨慎全面地思考分析问题。这种人格类型很少见，所以，他们的职业通常十分个性化。

那么依据这些描述，你脑海中有没有浮现出典型的人物和他们特异化的职业呢？

现在，你也可以运用这些工具去更深入地了解自己的气质和性格类型，做一个气质 / 性格画像。如果你不确定测评结果是否准确，你可以：

① 将自己4个气质维度的释义连起来通读几遍，认真理解含义。

② 将与人格类型相关度高的行为做个列表，请你的朋友勾选出其中符合你行为模式的选项。

③ 在随后的几周里留心自己的行为，关注从哪里获得能量，从哪里获取信息，靠什么做出决定，喜欢秩序感多些还是灵活自由多些。

配合行为，相信大家能更好地理解自己的气质 / 性格画像。关于“你是谁”、“你怎样看世界”、“你怎样看待自己”、“你的气质 / 性格 / 兴趣”的问题都很重要，它们是通往“理想的工作”的线索。

技能

“匹配”的另一个层面是“做我们擅长的事”。通过做好一件事获得正反馈，而后不断进行巩固，人们提升了自信，满足了自我实现等内在需要，于是“擅长”逐渐变为“技能”，甚至被理解为“天赋”。技能可以分成“对人”、“对数”、“对事”三个维度，大部分人特别擅长的通常只是一个维度中的一种或几种技能，因此，识别自己的技能组合密码十分重要，它会帮助你顺利嵌入到需要此类技能的工作中去。

处理与人相关的技能是指在职场中，通过帮助他人、影响他人，实现对人的摆布，比如领导岗位和销售类职位都直接与影响力相关，咨询顾问、人力资源从业者、教师、客服人员都要具备帮助别人的能力。

处理与数据相关的技能是指职场中，运用数据办公的三种能力：数据分析，包括对数据的使用、组织和应用，比如会计、航线管理员、行政助理；数据演绎，用数据说话从而更具说服力，比如演说家、广告文案；数据创新，即利用数据寻找新世界大门的能力，比如哲学家、艺术家。

处理与事务相关的技能一方面是指生产领域中运用材料、工具等的能力，比如建筑工人、电气工程师等；另一方面是指运用自身的天然能力，比如运动员、健身教练、军人等。

然而，职场是一个多元场景，会需要不同维度、多方面技能的组合，比如白先生是一个运用金属材质进行雕塑的艺术家，这是数据创新技能，同时，这个职业也需要客户、评论家的认可，需要艺术家本人充分发挥影响力。因此，技能包越多越强，主角光环自然越大越亮。

【练习 3】

为了帮助求职者了解自身技能包配置，以便有的放矢地面对挑战，同时，也为后续求职文案准备、面试等打下基础，请依据自身经历，勾选出“我的技能”、“我的长板”与“我的短板”。

技能	我的技能	我的长板	我的短板
与人相关			
演说	□	□	□
促销	□	□	□
销售	□	□	□
劝导	□	□	□
反馈	□	□	□
激励	□	□	□
管理	□	□	□
监督	□	□	□
结果导向	□	□	□
制定目标	□	□	□
协调	□	□	□
承担风险	□	□	□
推动变革	□	□	□
组织会议	□	□	□
服务团队	□	□	□
制定决策	□	□	□
帮助他人解决问题	□	□	□
照顾	□	□	□
安慰	□	□	□
积极倾听	□	□	□
谏言	□	□	□
训练	□	□	□

续表

技能	我的技能	我的长板	我的短板
请教	□	□	□
指导	□	□	□
良好沟通	□	□	□
鼓励	□	□	□
帮助他人建立自信	□	□	□
同情	□	□	□
建议	□	□	□
冲突管理	□	□	□
促进和谐	□	□	□
面试	□	□	□
询问	□	□	□
观察	□	□	□
教授	□	□	□
洞察背景及需求	□	□	□
社会关系	□	□	□
情绪管理	□	□	□
其他 1________	□	□	□
其他 2________	□	□	□
其他 3________	□	□	□
与数据相关			
①数据分析			
排序 / 架构	□	□	□
分析数据	□	□	□
整合数据	□	□	□
制定预算	□	□	□
计算	□	□	□
库存管理	□	□	□
数据的技术分析	□	□	□

续表

技能	我的技能	我的长板	我的短板
管账 / 钱	□	□	□
投资	□	□	□
造册	□	□	□
问卷调查	□	□	□
检查	□	□	□
遵从指示	□	□	□
提升效率	□	□	□
记录	□	□	□
审计	□	□	□
审查	□	□	□
合成	□	□	□
统计	□	□	□
组织	□	□	□
精确度审查	□	□	□
采购	□	□	□
测算 / 估计	□	□	□
编程	□	□	□
预测	□	□	□
估算时间 / 成本	□	□	□
资源安排	□	□	□
计划	□	□	□
研究	□	□	□
处理日常问题	□	□	□
其他 1________________	□	□	□
其他 2________________	□	□	□
其他 3________________	□	□	□
② 数据演绎			
编辑	□	□	□
写作清晰流畅	□	□	□

续表

技能	我的技能	我的长板	我的短板
发明	□	□	□
快速思考	□	□	□
写演讲稿	□	□	□
促销宣传	□	□	□
广告策划	□	□	□
市场营销	□	□	□
明确表达	□	□	□
推理	□	□	□
其他 1______________	□	□	□
其他 2______________	□	□	□
其他 3______________	□	□	□
③ 数据创新			
摄影	□	□	□
绘画	□	□	□
舞蹈	□	□	□
表演	□	□	□
设计	□	□	□
测绘	□	□	□
工业设计	□	□	□
美工	□	□	□
图示说明	□	□	□
建模	□	□	□
雕塑	□	□	□
其他 1______________	□	□	□
其他 2______________	□	□	□
其他 3______________	□	□	□
与事务相关			

续表

技能	我的技能	我的长板	我的短板
① 利用工具			
安装	□	□	□
维修	□	□	□
驾驶	□	□	□
操作计算机	□	□	□
操作机床 / 流水线	□	□	□
建设	□	□	□
设备保养	□	□	□
园艺	□	□	□
种植	□	□	□
园林景观搭建	□	□	□
物流	□	□	□
船运	□	□	□
打字	□	□	□
其他 1________	□	□	□
其他 2________	□	□	□
其他 3________	□	□	□
② 利用自身			
健身	□	□	□
运动	□	□	□
健美	□	□	□
保健	□	□	□
竞技	□	□	□
野外生存	□	□	□
其他 1________	□	□	□
其他 2________	□	□	□
其他 3________	□	□	□

在做完勾选或补充以后，最好再回过头来重温一遍，思考几个

问题：

· 众所周知，“短板理论”决定一个人的能量空间，那么，是什么造成了你的不足？

· 如何在求职过程中扬长避短，尽可能地展示长板技能？

· 在有限条件下，优先展示哪些长板技能？（为长板技能排序）

· **哪些长板技能不受行业、职业限制，是所谓的“通用技能”？**

· **哪些长板技能可以用来进行“自我管理”？**

· **哪些长板技能是能够被继续发展的“天赋技能”，使你的职业生涯至臻化境？**

最后的三个问题至关重要，它们不仅是求职者已经具备的战术优势，而且作为核心能力要素，在准备求职文案、编写简历和准备面试过程中需被反复强化。

动机

是什么让你能每天晚睡早起？是什么让你能受了委屈也不放弃？是什么让你能一想起它就充满活力？

动机是一种内在的需要和欲望，让你向着目标不断努力，让你充满活力，让你不茫然、不迷失。关于“动机”的研究最著名的是马斯洛（Abraham Maslow）的“需求层次理论”，该理论认为，人类需求像阶梯一样从低到高按层次分为五种，分别是生理需求、安全需求、社交需求、尊重需求和自我实现需求，这些需求基本都可以通过工作来获得。然而，每个人却可能因为处于不同的需求层次导致工作的动机不同。除了个体因素，还有温饱、稳定、朋友圈、个人成长、名誉、地位、财富、权威……职业生涯的不同阶段每个人所需求的内容及其所占比重也不尽相同。

第一个层次：生理需求

假如一个人同时缺乏食物、安全、爱和尊重，通常对食物的需求是最强烈的，其他需要则显得不那么重要。在这种极端情况下，人生的全部意义就是吃和活下来。只有当人从生理需要的控制下解放出来时，才可能出现更高级的、社会化程度更高的需要。

第二个层次：安全需求

从人类的婴儿期开始，无论潜意识还是有意识地，都会追求安全感，努力营造一个自身安全和所在社会单元安全的机制，于是衍生出人身安全、资源所有性、财产所有性、道德保障、工作职位保障、家庭安全等需求。

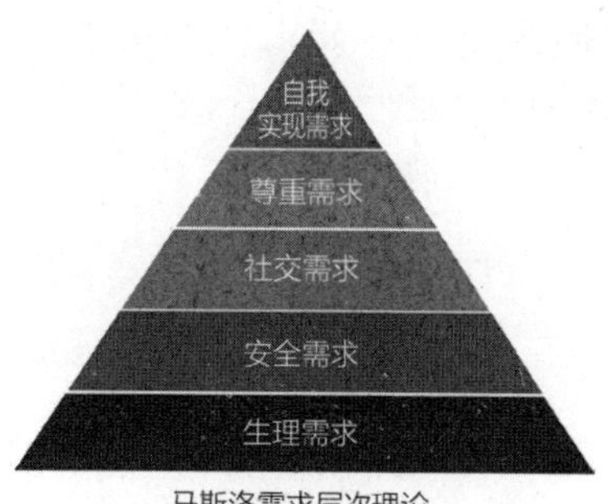

马斯洛需求层次理论

第三个层次：社交需求

人类是群居哺乳动物，大部分人希望得到情感回应，建立情感纽带。这种需求更为细腻，与一个人的生理特性、经历、教育、宗教信仰都有关系。通常情况下，人们的社交需求包括友情、爱情等。

第四个层次：尊重需求

尊重是人与社会产生互动的过程与结果，外化为自我定位、社会地位、头衔、声誉等，是个人能力和成就得到某种承认的表现。

尊重的需要又可分为内部尊重和外部尊重。内部尊重，即自尊，是在各种不同情境中有实力、能胜任、充满信心、能独立自主；而外部尊重是指受到别人的尊重、信赖和高度评价。

第五个层次：自我实现需求

自我实现是马斯洛认为的终极梦想，是指实现个人理想、抱负，发挥个人的能力，正所谓“人生赢家”。至臻化境的人，能合理地制定自我人设并包容他人人设，善于审时度势、摆平问题、独立自主，能够充分发挥自己的才智，克服困难、实现目标。

这些需要的满足机制以及产生的效果，经研究，还有一定规律，挑选出那些和求职相关的，提醒如下：

· 面包会有的，牛奶也会有的。但是，没有面包，是会饿死的。五种需要像阶梯一样从低到高，按层次逐级满足。同时，在多种需要未获满足前，首先要满足迫切需要。

· 某一层次的需要相对满足了，对行为影响的程度就大打折扣了，从而变成“保健”因素；而更高一层次的需要就进化为“激励”因素，成为驱使行为的主要原因。

· 人就像油电混合型汽车，一方面需要加油，也就是提供外部保障才能前进，比如生理上的需要、安全上的需要和感情上的需要；另一方面，也能通过机械能内生电能驱动前进，也就是通过内部产生的因素去满足需求，比如尊重的需要和自我实现的需要。某一个时点，要么是油助力，要么是电助力，总有一个占支配地位。

· 当然，两种能源也是相互依存的，谁发挥能动作用，主要看路况，即外部环境。

求职者由于原生家庭、后天成熟度的不同，在职业序幕拉开时所处的需求层次不尽相同。注意，这里关注的并不是“地位阶层”的不同，而是“需求层次”的不同，比如有些人但求温饱，有些人追逐财富，有些人关注成长，有些人一心建功立业。这些都无关对错，只是敦促大家结合自身情况，客观了解现阶段首先要满足的关键需要是什么，这样在匹配工作单位和目标职位时就有据可依了。

价值观

价值观可以帮助找寻人生和事业的方向，它体现在信仰和态度上，最后落实在决策和行动上。因此，价值观对就业意向与决策具有深远影响，对事业追求和成功具有重大意义，从而让我们的生活变得更有质量。那么，什么是价值观呢？先来看看一些辩题——

①正方：治愚比治贫更重要　　反方：治贫比治愚更重要

②正方：网络使人更亲近　　反方：网络使人更疏远

③正方：安乐死应该合法化　　反方：安乐死不应该合法化

④正方：汽车的发展取决于道路的发展　反方：道路的发展取决于汽车的发展

其中哪些辩题是非对即错的命题呢？严格地讲，只有③辩论的是安乐死在法律上的对与错，如果立法参照辩论结论，将决定是否能给予临终病人借助医疗手段决定自身生死的权利。也许这是个太严肃的命题，可是求职路上甚至未来工作中也有这样严肃的命题——那些只有照着做了才会感到“自己还活着”的信条。

价值观就是必须明辨出是非，并且只有明辨是非后才能合理化行为，督促付诸行动的信条。价值观深受人的原生家庭、生长环境、朋友师长、宗教信仰、社会或国家主流价值观的影响，它决定了我们怎样认识世界。当然，价值观也不是一成不变的，在人的成长中，会吸收新的有利于自己的价值观，从而进化为一个与儿童时代不同的人。

在求职伊始讨论价值观的问题具有重要意义，因为价值观对动机具有导向的作用，它会制约或支配人们的行为，上升到某些行业甚至是伦理道德问题。就拿“安乐死”的命题来说，如果安乐死合法化，具有不同价值观的医生的动机模式不同，产生的行为也不相同：认为安乐死合法合理的医生可能会建议有些承受极端痛苦的病人选择安乐死，而认为合法不合理的医生可能会建议尝试寻求其他医疗手段。同时，只有那些经过价值判断被认为是合理的行为，才能引导人们的行为产生满意度与舒适感。应用到案例中，认为合法合理的医生在实施安乐死时会认为自己是在帮助病人，但认为合法不合理的医生可能会抗拒实施或是承受极大的心理压力。

1973年，美国社会心理学家弥尔顿·洛克奇发表了《人类价值观的本质》，并在其量表中将价值观分成了两类：

一类是理想生活，即我们在生活中想要获得的要素或是生活方式；**另一类是每日行为**，即指导每日行为的价值观，主要包括爱别人、勇气、能力和自我控制。

【练习4】

从以下两个部分中各选出5个最重要的项目，并根据对自己的动机或行为产生的影响进行重要性排序。由于每个人做出选择的原因并不一定相同，因此值得挖掘其更深层次的原因，比如有人选

“充满刺激的生活”是因为热爱旅游、冒险，体验不同国度的文化，但也有人是喜欢大城市光怪陆离的夜生活。最后，想想这些价值观能为求职带来怎样的启示。

理想生活的价值观要素（可勾选）

□	公平	□	成就 / 成就感
□	充满刺激的生活	□	信仰 / 精神追求
□	自尊	□	友谊
□	快乐	□	爱情
□	美貌 / 健美	□	家庭
□	社群关系	□	经济自足
□	智慧	□	世界和平
□	内心平静和谐	□	权力与影响力
□	舒适的生活	□	娱乐
□	财富	□	忠诚
□	健康	□	平等

每日行为的价值观要素（可勾选）

□	合作的	□	与众不同的
□	有抱负的	□	有爱的
□	诚实的	□	尊重别人的
□	爱慕的	□	正直的
□	开放的	□	有能力的
□	为理想奋斗的	□	宽容的
□	负责任的	□	敢于冒险的
□	聪明的	□	乐于助人的
□	有想象力的 / 创造力的	□	自制的
□	值得信赖的	□	独立的
□	专业的	□	有逻辑的

Part 1 理想生活

序号	价值观	选择原因	求职启示
1			
2			
3			
4			
5			

Part 2 每日行为

序号	价值观	选择原因	求职启示
1			
2			
3			
4			
5			

求职者顾源的笔记示例：

Part 1 理想生活

价值观	选择原因	求职启示
成就 / 成就感	在慢慢变老的过程中不断回味自身价值被认可的美妙过程	项目型的、能取得阶段性成果的工作
家庭	更为复杂的挑战，搞定了必将登上人生巅峰	工作 – 家庭平衡的工作
社群关系	为内心敏感的自己找寻友好、良性的舒适区	学校、外企等人际关系简单的生态系统
公平	能量守恒定律的追随者，有付出无回报会导致心态崩塌	三观、文化正常良性的组织与领导
权力与影响力	与其期待世界和平，不如点亮自己，照亮所及之处	媒体类的或是与人打交道的工作

Part 2 每日行为

价值观	选择原因	求职启示
有想象力 / 创造力	总是想不走寻常路，听到“哇塞”这样的称赞	容忍度高的组织、年轻化的团队
有能力的	有能力为自己和他人带来职业安全感，一句话“靠谱”！	专业性较强的工作
乐于助人的	默默无闻地提供帮助，可谓职场江湖侠之大者	支持他人的工作
有抱负的	总要给工作赋予一些意义，这样才有动力	有使命感的组织 / 任务
开放的	没有设限的事才特别容易精彩	能够互相支持、彼此激发 / 激励的团队

当然，为了更好地了解自己的动机和价值观，你也可以借助其他专业测评工具，比如 MAPP 职业测评（Motivational Appraisal Personal Potential Career Assessment）、Super 职业价值观量表（Super's Work Values Inventory）、Knowdel 职业价值观显卡（The Knowdel Career Values Card Sort）。

☆ 本章小结 ☆

在一个甘特图里，把“我想做什么”与“我能做什么”相交汇，“就业预期”就出现了，它兼顾了梦想、能力、心理舒适……就像已经完成的练习一样，“就业预期”的雏形只是一些描述，这些描述还要逐渐还原为一个职业，当然，它带着你的个人色彩，于是可以帮助锁定目标职位、目标企业。比如根据练习 4 求职者顾源的描述，他更适合去工作弹性较好的创新型 IT 企业担任市场、人事的相关工作，以满足他对有使命感的企业目标、开放包容的企业文化、项目性工作、弹性工作制、团队合作完成任务、与人打交道等的需要。有了明确的定位，下面就是按图索骥、逐个攻破了。

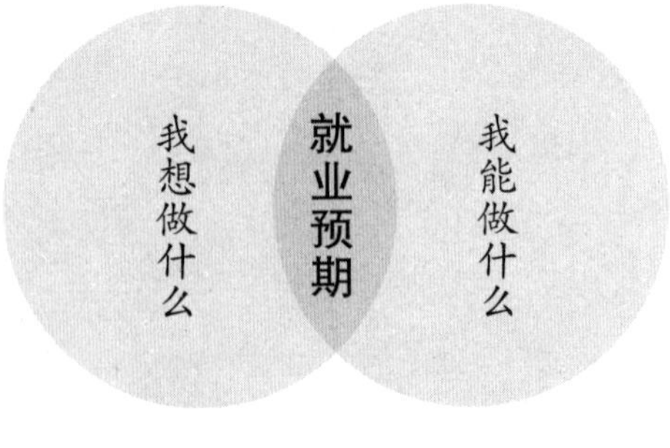

第二章 聚焦校招

What is Graduate Recruitment?

本章聚焦：

- 不同角度审视校园招聘项目操作
- 营造与维系良好的求职心态
- 搭建求职智囊团

校园招聘，将目标精准定位在毕业生和两年内工作经验的新人。为了从庞大的分母中选出心仪的分子，各用人单位施展出浑身解数，可谓就业市场中最具看点的年度围观盛事。和求职者熟悉的套路不同，校园招聘这波操作也是看不太懂——项目是怎么规划的？时间线怎么安排？HR 和招聘经理关注重点有何区别？新规则、新情况、新问题频出，求职者该何去何从？在这个征途的起点，又能找到怎样的队友和平台助你一臂之力？

第 1 话

关于校招·HR / 就业办工作了解一下

How is Graduate Recruitment Going?

如果把求职拍成一部电视剧，那么除了主角——求职者以外，还要有演对手戏的用人单位（以人力资源管理部门为主）以及给毕业生群体搭戏打外援的各大高校（以就业办公室或指导中心为主）。一部剧精不精彩，除了主角调动演技、自身发力，也得研究与其他角色如何配合。可是他们拿到的“戏本子”又是怎样的呢？下面便从用人单位、高校这二者的角度，剖析一下招聘工作是如何计划、组织与开展的。这既有助于求职者理解资源在不同环节是如何分配的，便于他们制定应对策略，也有助于他们理解各方的需求与痛点，便于他们摆正态度，正确处理关系，塑造自身职业化形象。

招聘季开始了——听听 HR 的声音

夏末秋初，招聘季又要开始了，我是小范儿，一名中型企业的 HR。天哪，招聘工作千头万绪，从哪儿入手呢？对，首先要拟定一个招聘工作计划报送给领导：

关于2020年校园招聘计划及工作安排

（一）校园招聘编制计划

人力资源部对各用人部门进行了《校园招聘人员需求调查》，明确各部空缺情况及职位需求，根据组织和业务发展需要对需求进行审核后，确定了校园招聘编制15人，并细化了拟招聘岗位的说明书和基本任职要求，具体见下表：

校园招聘编制计划

用人部门	需求职位	计划编制	学历要求	专业要求	其他要求
战略部	战略研究	2	博士	工商管理 战略管理	参与过企业战略相关研究课题或咨询项目
销售部	销售助理	5	本科	市场营销	无
风险部	风险研究	2	硕士及以上	经济金融 风险财务	大、中型企业风险管理相关实务经验，有FRM资格者优先
技术部	系统运维助理工程师	4	硕士及以上	信息技术	获得OCP、RHCE等IT证书者优先；具备Linux系统和Oracle数据库管理实习经验者优先
行政部	行政助理	2	本科及以上	行政管理	无

注：拟招聘岗位职位说明书附后。

（二）任职资格

在充分考虑用人部门人员需求及员工素质模型的基础上，拟招聘候选人的任职资格确定为：

1. 知识：具备职位要求的大学学历背景及相关专业的知识，有相关资格证书者优先。

2. 能力：有较强的学习能力和适应能力，具备团队协作精神，较好的逻辑分析能力和表达能力，具备英语作为工作语言的能力。

3. 职业素养：诚实、积极、自信、认同企业文化。

（三）信息发布渠道

招聘信息主要依靠公司官网“人才招聘”栏目、企业微信公众号发布官方消息，并拟同 ×× 招聘、×× 网站合作，由招聘网站同步发布消息扩大宣传范围。同时，联系目标院校就业办安排校园宣讲会，并在学校就业网站上发布招聘信息。

（四）招聘流程及时间安排

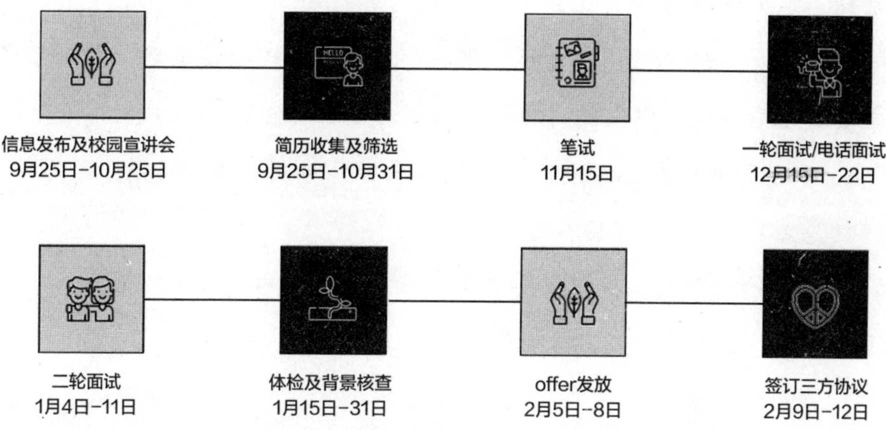

（五）筛选流程及测评手段

校园招聘主要依靠简历筛选、MBTI 职业气质测评、职业能力及专业知识测试（笔试）、面试（HR 及招聘经理）、体检及背景核查进行筛选。

1. 简历筛选：主要考察候选人学历、专业背景、学习成绩、学生工作及实习经验、英语能力、其他专业资格是否符合职位要求。筛选比例为 1 ∶ 10，即约 150 人通过。

2. 笔试：

（1）MBTI职业气质测评：主要比较候选人职业气质与常模匹配情况，剥离管理及沟通成本较高的个体。

（2）职业能力及专业知识测试：主要考察职位所需专业知识以及公文写作、逻辑推断、数理分析能力，笔试成绩占综合成绩的30%。

MBTI、职业能力及专业知识测试的综合筛选比例为1 ：5，即约75人通过。

3. 面试：

（1）第一轮价值观及匹配度面试：人力资源部门负责，评价候选人与员工素质模型中能力、职业素养的匹配度，特别是对企业文化的认同，成绩占综合成绩的30%。

（2）第二轮职业能力面试：用人部门招聘经理主要负责，全面考察与员工素质模型、职位说明书的匹配度，成绩占综合成绩的40%。

两轮面试的筛选比例为1 ：2，部分职位编制少或市场竞争激烈的，可放宽至1 ：3，即约40人通过。

4. 体检及背景核查：主要考察候选人身体素质、教育经历真伪、犯罪纪律等，剥离个别高风险个体。

在最终合格名单中，按照综合成绩排序，每个职位按顺序发放Offer并尽快签订三方协议。

（六）预算

招聘预算为升级招聘系统2万元，信息发布及校园宣讲会3万元，笔试、面试1万元，体检及背景核查1万元，合计7万元。

（七）其他

若未录满，将视情况考虑组织春季校园招聘会进行补录。

俗话说，“知己知彼，百战不殆”。从用人单位的视角审视一个招聘项目，更容易 get（领悟、明白）到 HR 和招聘经理关注什么，以便求职者更好地抓住关键、有的放矢。关于上面的例子还有一些碎碎念：

- 大规模校园招聘一般一年一次，但如果出现 Offer 流失、三方毁约、人才市场竞争激烈的情况，也不排除间隔一段时间后仍在原有 waiting list（候补名单）中进行补录，或是春季补招的情况；

- 校园招聘的开始时间不一，比较主流的是每年秋季9、10月份开始官宣。但是，随着用人单位对校园招聘愈加重视，项目“开启”的时间定义也愈加模糊，有些将实习生计划作为校园招聘的序曲，通过暑假实习作为考察及录用依据。因此，对于大学生来说，“找工作”的时间会提前到前一年春季3、4月份，即实习生招聘开始之时。

- 校园招聘的职位也大有讲究，有按照具体职位进行招聘的，有按照职位类别招聘的，也有招聘管理培训生作为储备人才培养的。当按照职位类别招聘，通常一个类别会包含多个职位，比如投资管理类可能囊括金融分析、投资交易、风险合规、会计清算、审计等；行政管理类可能包括人力资源管理、行政管理、综合管理、文秘、档案、外语等专业……好消息是：一些小专业更有可能被囊括进来，从而使更多同学获得就业机会。但是，也必须注意到：未来被分配到哪个岗位的不确定性增加了，可能会影响个人的职业兴趣及发展规划。以“管理培训生”为目标的校园招聘近年来广受追捧。一方面，管理培训生通常被作为“储备人才”纳入组织人员梯队建设，职业生涯规划比较明确；另一方面，更多的轮岗、培训、工作导师资源也会向管培生倾斜，从而享有更多的成长机会。

· 校园招聘中，由于候选人同质性强、基数大、测评手段可选范围广，全流程筛选标准将会紧紧围绕员工能力素质模型，因此就给求职者提供了重要线索——员工能力素质模型。建议认真研究应聘单位的机构介绍、校园招聘项目介绍、招聘岗位说明书、校园宣讲会等信息，筛选、提炼能力素质模型。既然能力素质模型是用人单位理想人才的画像，也就是“靶子”，写简历、参加面试时心中要随时记住并瞄准这个“靶子”。

· 校园招聘的筛选手段是本书接下来要介绍的重点内容。为了控制笔试、面试、体检、政审等中间环节的成本，简历筛选肯定是淘汰率最高的一关。由此，建议求职时，应该参考“田忌赛马”策略，不要一味追求所谓“最佳雇主”，也要根据用人单位的雇主品牌热度、薪酬水平等层次，拉开档次投递简历，增加入选几率，提高参与面试的概率。

· 由于校园招聘开展时间较为集中，特别是热度高的爆款雇主之间存在着很强的竞争关系，因此给 Offer 对象提供的考虑时间一般不会太长。同学们拿到 Offer 后，不要只顾着开心，还要把握好时间，充分与 HR 沟通，广开言路，争取多了解企业、职位、待遇、发展等各方面的情况，不要盲从，不要偏听偏信，要拨开那些美好的光环，看到优质雇主也可能存在的不足与风险，审慎决策。

招聘季开始了——听听就业指导中心老师的声音

招聘季开始了，我是 ×× 高校就业指导中心的楚老师。近年来就业形式严峻，为了促进大学生多渠道就业、创业，努力实现更高质量和更充分就业，我们会密切关注就业率和毕业生去向，希望能通过就业指导相关工作，引导学生职业生涯科学发展。每年，我们会发布《就业工作 / 质量报告》，建议同学们也要关注一下重要信息及相关服务：

- 各个专业就业率及近3年的变动趋势，掌握自己专业的需求概况。
- 查看就业地域集中程度、热门企业排名，合理运用校友资源。
- 了解最有效的招聘信息收集渠道，比如用人单位招聘网站、校园宣讲会等，了解哪些渠道效率高、效果好，以便合理安排时间、精力。
- 了解就业指导中心开设的就业指导课程和相关活动，可寻求职业导师辅导，参加企业开放日等活动，开阔眼界，磨炼技巧，提升求职能力。

高校及各院系的就业指导部门是学生最容易接触到的职业指导服务提供者。他们的两大职能——信息发布及就业指导，在校园招聘季极为重要。

就业指导部门是连接用人单位与求职学生的关节，他们掌握就业政策、各个用人单位概况、招聘需求、校友资源等信息，他们还会协助发布招聘信息及组织校园宣讲会。因此，务必高度关注高校就业中心网站、微博、公众号，以了解最新的招聘信息。值得注意的是，由于部分高校院系具备某些办学特色并能提供优质生源，用人单位会特别关注甚至特意造访这样的院系。因此，同学们应同时关注自己高校及院系的就业信息平台，以获取排他性优势。

此外，高校就业指导部门的重要职能还包括帮助同学们进行职业生涯规划、提供就业培训等，还有部分高校推出了各具特色的项目，如“职业导师”项目，聘请职业人士或有一定年资的校友对大学生进行一对一的职业辅导，如开办“就业能力提升”、“职业生涯规划”选修课、讲座、工作坊，系统性普及求职知识和技能，又如组织“模拟面试”，由老师或人力资源专家为同学们提供模拟面试及针对性辅导……这些资源都很宝贵，同学们要善加利用。

第2话

关于心态·如何破除95后小白魔咒

What is Necessary Mindset?

如今的求职者群体，按年代属性可划分入Generation Z（Z一代），也即中国的“95后”，是近年来社会学家、教育家及人力资源管理者关注的焦点——他们是那么地不同：他们更关注工作任务本身，自由不羁，不喜欢朝九晚五地耗在办公室里；他们更关注虚拟空间，不但自己对信息敏感，而且要求反馈同样迅速；他们更关注结果，沟通形式机动、灵活，不满足于传统的会议、电邮、电话等沟通方式；他们更关注自己的分析，做决策、下判断，独立而自信，鲜少依赖权威。在很多方面，他们突破了既往的职场人设，貌似难于评判和管理。也因此，学术及实践领域都十分重视研究、探讨Generation Z的工作风格及管理模式，特别是他们的沟通合作方式、用工形式等。

即使大量研究已经给用人单位“上过眼药”，让领导们有了更充分的心理准备和招聘、管理对策，但是新问题也层出不穷，矛盾依然屡见不鲜——跳槽预期与企业要求员工忠诚的矛盾、自由主义与工作纪律的矛盾、直截了当的沟通方式与谨言慎行的职场文化的矛盾等。于是，Generation Z 被贴上了很多的标签——“巨婴”、“二次元”、“不务正业”、“绝不加班”……在求职中，想甩掉标签成为一条真正的职场锦鲤，首先要有健康的职业心态，正视这些标签，端正职业态度，以便正确处理工作与能力、职业与梦想的关系。

求职者能力有强弱，心气儿有高低，根据这两个维度可分为四类——“职场弱鸡”、“淡定帝后”、“白日梦者”、“求职大咖”。

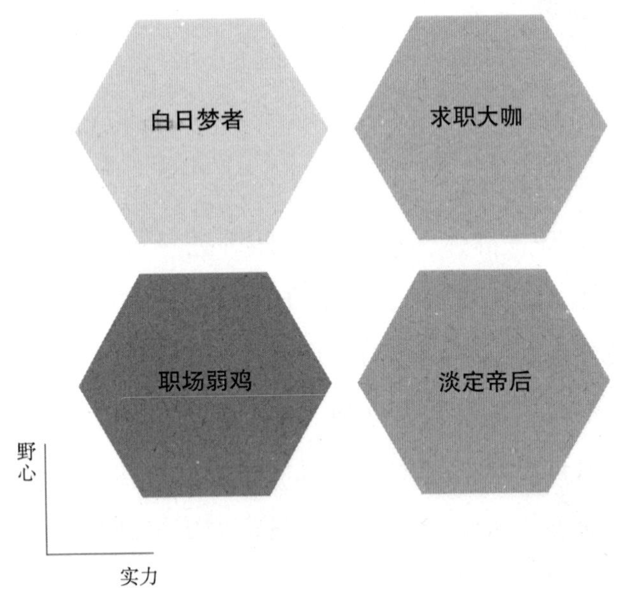

职场弱鸡是那些虽求职实力不济，但职业目标很接地气的一类人。他们可能没有光鲜的教育背景，可能来自中小城市，可能没有实习经历，可能对求职技巧一无所知，但是他们期盼有一份属于自己的工作，可能没有高大上的办公室，没有可观的薪酬，但是可以凭借这份工作安身立命。由于对自身能力和职业梦想的定位都相对保守，他们的心态可能会消极逃避，会自卑，会迷茫，会对家长或其他亲近者产生过分的依赖。

淡定帝后是那些本来有实力，却对职业目标要求不高的人。他们可能是专业上比较受限，也可能是追求安逸舒适，不想过得太累，还可能是尚未认识到自身价值，甚至可能是由于几次不太理想的求职经历而自暴自弃的人。不可忽视的是，求职者中有很多淡定帝后，各种主、客观因素都让他们有些妄自菲薄，于是人为调低了求职预期，把职业抱负划在吃饱喝足的方寸之间。他们会自卑，会不平衡，会纠结，会“压力山大”，相对于其他人更容易对求职产生恐惧感。

白日梦者是那种认为“我就是我，是不一样的烟火”、“天将降大任于斯人”却实力堪忧的人。他们可能把个性错判成了实力，因此产生了过高的职业预期，他们可能喜欢夸夸其谈而不是脚踏实地地工作、学习，他们可能也有不理想的求职经历却归因于面试官有眼无珠。他们的心态大多是盲目、浮夸的，他们喜欢攀比，会自卑，但是缺乏自省，忽略了从自身寻找问题根源。

求职大咖是求职中的强者，双商惊人，拿 Offer 拿到手软，同时也有着明确而伟大的职业抱负。他们可能是名校热门专业的毕业生，或是经验丰富的社会人，还有可能是基础良好又加持了高超求职技能从而如虎添翼的技术咖。他们求胜心、自尊心、自信心强，胜利多了也会容易自负，遇到挫折也难免更容易失落沮丧。

在整个求职过程中，这几类人以及相应的心态也可能相互转化，求职大咖经历挫折后可能变成妄自菲薄者，白日梦者清醒时分可能自认职场弱鸡。但是无妨，自有正确的心态和求职观加以引导。

针对自卑：求职最重要的关键词是“匹配”——“人”与“组织”以及“人”与“工作”的匹配。而“组织”和“工作”都是复杂的，不仅仅是“平台”、“环境”、“薪酬”、“职责”等因素的叠加，还有外界环境、企业生命周期、企业文化生态等诸多变量。因此，求职者不要把“高大上”的表象作为评价一份工作好坏的重点。无论实力如何，只要是适合自身特点及现阶段发展需要的工作，就是理想的工作，即使在吃瓜群众眼里它们可能并不算光鲜。劳动关系譬如婚姻关系，你情我愿远比门当户对重要，自卑和妄自菲薄都没必要。更何况，比起“组织”与“工作”，“人”的变化更多，今天的爱答不理，完全有可能通过自身努力变成明天的高攀不起。像这样，大家可以经常给自己喂喂鸡汤，努力让自己强大起来。

针对自负：第一，无论来源于才华还是无知，自负大都是“比”出来的。因此，停止与人比较，停止评判他人。第二，求职者还处于职业生涯的开端，序曲不必求大求全，求职目标的设定要具有可执行性，“小而美”的工作机会说不定是更优解。第三，劳动关系与婚姻关系相似，无论有多少既往经历，终究只能长期维系一份关系，因此有多少Offer并不重要，重要的是最终落地的那一份，能不能好好经营，能不能感受到满意与成长，能不能顺利渡到成功的彼岸。第四，无论前程多么远大，求职多么顺利，都要保持谦恭，因为面临着多大的机会就同样承担着多大的机会成本，谨记人设越牛，崩得越快。

针对迷茫：试想如果把眼睛遮挡起来，要靠什么明辨方向？果断伸手！对，迷茫并不可怕，伸出手，拿出行动，自然能够摆脱迷茫——制定一份每日求职任务清单，比如每天投递3份简历，或是每天学习一节求职课程。当然，“伸手”还有另外一层含义，就是“求助”，可以约见职业导师来一场模拟面试，或是与师兄师姐敞开心扉聊聊困惑，这些都是拨开迷雾的好方法。

针对焦虑：如果感到焦虑的话，就把问题交给时间。没有一份工作是一蹴而就的。无论从求职者还是从用人单位的角度，找到“匹配”的工作单位、调整到“匹配”的工作状态都需要时间，需要一个过程去彼此观察、评估、反馈。此外，“匹配”也是个双向选择的过程，不但用人单位要挑选求职者，求职者也会在既已得到的工作机会和潜在工作机会之间进行比较、做出决策，这也需要时间，心急吃不了热豆腐，需要一种“徐徐而图之”的心态。当然，交给时间并不是守株待兔、虚度光阴，与其等待工作机会降临，不如利用好时间，让求职的过程成为一个集分析就业市场、提升各项能力、体验自省内观的训练过程。别忘了，机会总是垂青于有准备的人。

针对恐惧：面对求职与职场的种种未知，恐惧可能始终纠缠，甚至让求职者在面试中瑟瑟发抖。完全战胜恐惧很困难，但是克服它带来的消极影响还是有章可循的。第一，挖掘恐惧的原因并把它写出来，进行针对性练习。比如，如果你的恐惧来自不敢在大庭广众下发言，那么每天可以对着镜子做3分钟的命题演讲。第二，找那些同病相怜的人吐吐槽、诉诉苦，听听别人的恐惧，看看他们是如何克服的。当发现其他求职者也会因为英语口语能力差而惧怕英语面试时，你也会逐渐认识并接受自己的问题，说不定“难兄难弟”还会推荐好用的口语 App 助你临阵磨枪。第三，接受人生中的确定性和不确定性，特别是集中注意力想想那些工作改变不了的东西，这是属于自己的精神财富——比如对待工作的勤奋、与人交往体现出的亲和力，它们是你的底气，不会因为一次面试的表现和得失而改变。

第 3 话

关于外援·谁来帮我凹造型

Who Could Help?

作为一名初级选手，求职者在解读职业测评、磨炼求职技能、做出就职决策时可能会力不从心，需要外援安抚、指导、提建议。不要在出现问题时才想到求助场外热心观众，建议大家在求职伊始，就可以着手组建一支属于自己的职业智囊团队。除了满足答疑解惑的诉求，建立和维护智囊团也是很好的人际沟通、团队合作练习。

智囊团成员可以包括父母师长、师兄师姐、学校就业指导中心的老师、同班 / 寝室同学等。其中，那些了解自己又具备较高职业声望的，可以被锁定为最核心的职业导师。那么，如何选择你最核心的职业导师呢？

挑战你的人。带你离开舒适区的人通常能看到你的潜能，他们会鼓励各种可能性，甚至鼓励承担风险，帮助你迅速成长。“他 / 她”可能是学生工作的指导老师、实习时带你的组长或老板。

你信任的人。他们愿意倾听你的心声并能提供真诚的意见与反馈，会根据你的优、缺点进行观察，发表意见。“他 / 她”可能是你的父母、师长或密友。

和你相似的人。和你有共同职业兴趣和目标的人，也和你最有共同语言。文化、年龄、性别、教育背景等的相似性容易激起共鸣，也便于分享最有用的信息。“他 / 她”可能是你的同班同学，特别是能够在竞争中仍能携手共进的挚友。

褒奖你的人。就业是个残酷的过程，需要那些真心爱你、能看到你闪光点的人时时刻刻的鼓励。他们不抛弃、不放弃，在你血槽将空时依然认为你必将逆袭去拯救银河系；而在每一个小小胜利的瞬间，他们乐于分享你的喜悦，让你保有满足感和自信心。“他 / 她”应该是你的家人和挚友。

帮你度过时艰的人。在求职过程中，我们随时会遇到挫折困难，有时我们需要的不是甜言蜜语，而是适当而有效的引导与鼓励，甚至是当头棒喝，帮你拨开迷雾、认清形势、积聚能量、磨砺技能，上场再战。“他 / 她”可以是与“求职”相关的网课、论坛中虚拟的职业顾问，也可以是能够提供面对面专业辅导的就业指导专家。

定期地与智囊团探讨职业目标、求职安排、具体的就业进程和细节、就业决策等重要的话题，能够帮助求职者加深对社会与职场的了解，核心的职业导师们甚至愿意引领并与你分享珍贵的职场资源和机会。

☆本章小结☆

不同于第一章从“己”出发的视角，本章通过“校园招聘”的视角推“己”及“人”，把关注点放在用人单位、高校、亲朋外援上，求职者反而旁观者清：通过校园招聘及相关就业工作是如何组织的，求职者可以对时间安排、资源配置、筛选标准等有一个全景观审视；通过雇主视角下求职者标签及负面印象的了解，求职者可以更从容地打破雇佣双方“傲慢与偏见”的僵局，积极从容地应对；通过对外脑智囊力量的认识与运用，求职者可以更游刃有余地运用周遭资源，克服激烈竞争带来的孤独感，更好地适应和融入职场氛围。

本章更深远的启示在于“有章法地见招拆招”：关注系统中其他利益方，是职场生存的重要法则；站在其他利益方把控全局、解决矛盾，是职场生存的重要方法论。求职成功之后，还有30余年的职业生涯等待着你，多 get 一份技能，成功路上更轻松！

第三章 解锁简历

How to Draft a Resume?

本章聚焦：

- 构建求职文案系统

  将求职方案全面体系化

- 精修简历与求职信

  针对企业与职位客户化

在求职的初始阶段，作为“敲门砖”——“简历”的地位最为尊崇。但是别忘了，这最为尊崇的“小主子”往往需要一众随扈扶持左右，方显清贵。这不，对于求职者来说，需要解锁的可不仅仅是简历，而是围绕简历展开的一揽子求职文案：求职信、能力素质案例库、各类问题答复口径、求职复盘、企业分析等。只有整个求职文案系统浑然一体，再有“简历”画龙点睛、锦上添花，才能帮助求职者从百万计的投递洪流中脱颖而出，并从容应对后续面试等测评手段。

第 1 话

关于申请·求职也要写作业

How to Make an Application?

构建求职文案系统有点像老师备课、演员彩排，台下十年功无不是服务台上那一分钟。为了简历里的精修重料，为了回答开放性问题的严谨自如，为了面试时的游刃有余，求职者需要系统性地“串词”，准备出应对各类求职场景的口径。因此，找工作也是要“写作业”的：求职信与简历作为个人名片，与竞争对手在二维空间内厮杀；资料库中的能力素质列表与案例是面试中的谈资和例证，帮助用人单位把二维形象更好地还原为三维个体；求职记录与复盘是针对目标企业和职位进行分析、对标、反思的过程，也是为未来同类场景积累的经验教训……求职文案系统这份作业，既无专业门槛，也无字数要求，只是一个逻辑性指引，期待求职者落笔生花，为未来带来更多红利。

资料库

资料库包括两个重要方面：第一，明确的职业目标及求职计划；

第二，自身能力素质列表以及针对每个能力要素落实的典型案例。

【练习五】

回忆总结一下第一章的内容和练习，首先来勾选、明确已经搞定的项目：

· 我有明确的职业目标，它是：
· 我有明确的求职计划与目标雇主了，它们是：
· 我的职业测评情况提示的职业兴趣 / 气质与性格是：
· 我为了______________而工作，选择工作时最重要的是：
· 我的知识与技能包括：
· 我取得的最好的学业 / 学生工作 / 实习 / 工作成果是：
· 我了解雇主最看重求职者的能力素质是：
· 我具备雇主最看重求职者的能力素质是：
· 我获得就业信息的渠道包括：
· 我回忆过往经历，找出了那些让我深有感触 / 影响巨大 / 收获颇多的独立事件，它们是：

资料库里要包纳关于“自己”的一切，至少有三个层次：战略层次——职业规划与现阶段目标、价值观与动机；能力层次——能力素质列表，明确长板、短板，明确哪些是雇主关注的目标能力要素；实证层次——案例库，将能力素质列表中全部或部分优势 / 目标要素（视时间、精力允许）与你的求学、工作、成长经历联系起来，为每一个能力素质要点提供实例佐证，可以具体到案例描述。

#战略

- 职业梦想：
- 求职职位：
- 价值观与动机：
- 目标企业：

#能力

- 硬实力：如专业知识、专业资质、技能技术
- 软实力：如团队合作、自我学习、沟通协调
- 巧实力：一切让你与众不同的能力
- 缺位实力：求职需要，但是还缺乏/不足的

#案例

- 硬实力：学历学位、培训、专业证书
- 软实力：成长经历、学生工作、实习体会
- 巧实力：把握机遇、克服困难等与众不同的经历

Step 1　构建求职战略

在这里，我们要回顾一下第一章第2话关于“兴趣”、“气质/性格”、“动机”、“价值观”的内容以及做过的练习，并提炼到“战略层面”。就像每一个成熟的企业都有自己的“使命”和“愿景”，作为求职个体，大家也可以把自己的“使命”和“愿景”写下来。

例如，以下是人力资源管理专业的毕业生微微同学对自己求职战略的描述：

#战略

· 职业梦想：成为一名优秀的人力资源职业经理人，企业战略的合作伙伴
· 求职职位：从人力资源助理开始，“招聘专家”应该是比较理想的切入点
· 价值观与动机：成长型、重视人才、有愿景的组织；较多的学习机会；人际关系简单一些；能够兼顾家庭
· 目标企业：IT企业、高校、医院，性质上外企、国企、事业单位

#能力

· 硬实力：
· 软实力：
· 巧实力：
· 缺位实力：

#案例

· 硬实力：
· 软实力：
· 巧实力：

Step 2　构建能力素质列表

在第一章第2话“技能”单元的最后，请各位同学勾选并排序自己的“长板技能”。其中，需要进一步明确一下“通用技能”、“自我管理技能”与“核心技能”：

正像“学好数理化，走遍天下都不怕”，**通用技能**是职场中不受

职业、企业、行业，甚至国别限制的便携式、可移植技能，包含诸如团队管理和监督、演讲、销售、问题处理、项目策划、会议组织、统计分析、软件编程等相关技能，能够跟随你、帮助你在未来跳槽时，无缝对接不同的工作内容。举例来说，职业经理人的团队领导、沟通协调、财务人事管控就属于通用技能，证监会在对上市公司财务总监培训中，特别重视的对二级市场的敏感性以及对公司财务数据分析把控的能力也属于通用技能。

自我管理技能，管的不止是“我”，而是通过管理“我”的工作态度与方法，达成工作中的积极态势与效果。如果找不出到底哪些是“自我管理”技能，从雇主的角度可以更好地理解：那些能降低组织时间、风险、纪律等管理成本的技能就是自我管理技能，比如诚实、守时、独立、创造力、秩序性、逻辑性、承担风险等。这也说明了强调自我管理技能重要性的主要原因——谁不欢迎高产能、低成本的员工呢?

核心技能，是求职者最引以为豪、最有可能发扬光大的技能，它们使你与众不同，可能在年幼时就已经帮助你成为某一方面的佼佼者。多数情况下，核心技能就在通用技能或是自我管理技能中，你往往不需要单独列出它们。

构建资料库时，除了“通用技能、自我管理技能、核心技能”，也可以使用其他清楚的逻辑层次，比如“人、信息、事务”，或是“长板、短板”，或是“硬实力、软实力、巧实力、缺位实力”，再用马克笔高光标出“通用技能、自我管理技能、核心技能”。能力素质列表极为关键，它不但是后续组织案例库的基础，也是求职全流程的核心——简历和求职信要突出它，申请时开放性问题要阐释它，面试的时候要演绎它。

下面，我们来看下微微同学对自身能力的总结：

#战略

· 职业梦想：成为一名优秀的人力资源职业经理人，企业战略的合作伙伴，业内具备专业威望与影响力

· 求职职位：从人力资源助理开始，招聘专家应该是比较理想的切入点

· 价值观与动机：成长型、重视人才、有愿景的组织；较多的学习机会；人际关系简单一些；能够兼顾家庭

· 目标企业：IT企业、高校、医院、性质上外企、国企、事业单位

#能力

· 硬实力：人力资源专业硕士毕业，初级人力资源师、英语六级

· 软实力：亲和力强，沟通协调能力强；诚实，能够获得别人的信任；语文表达能力较好

· 巧实力：总是知道什么时候该做什么事，俗称“靠谱”

· 缺位实力：演讲辩论

#案例

· 硬实力：

· 软实力：

· 巧实力：

Step 3　构建与能力素质列表对应的案例库

针对能力素质列表组织、描写案例要遵循一个百试不爽的逻辑——“STAR”法则：

S——Situation，指的是事件背景、时间表、难度、资源配置情况等。

T——Target，指的是事件缘起、目的、重要性等。

A——Action，指的是主角实施的具体行动。

R——Result，指的是事件的客观结果及主角的主观收获。

用组织一次篮球比赛举例：

S——规模（校际/校内、参与人数、赛制、周期）、筹备时间、团队配置、预算。

T——比赛重要性、目标、挑战（特别是未落实的需要拉赞助的比例和金额等）。

A——主角承担的角色、任务、工作推进情况，遇到的困难及解决方式。

R——介绍比赛结果、组织效果、师生反响，特别是老师及其他团队成员对你的评价。

成果导出：作为学生会体育部委员，我参与组织了2016年××大学校际篮球比赛。提前一个月，我负责制定了活动计划及预算，落实了赛制、筹备工作时间表、各院系联络人，并具体负责1万元（预算20%）赞助费及现场协调工作。经过我及2位团队成员的合作，联络了20余个合作商家，最终落实了1.2万元和赛事用水的赞助，同时担任了8场比赛的协调工作，获得了团委主管老师和团队成员的认可。

全段共有169字，STAR文字段（带标记）共119字，约为70%，信息量可算非常丰富了。当然，根据需要，你还可以进行更高能的文字组织及排版设计，这番操作能将有效信息提升至90%左右：

2016 年 ×× 大学校际篮球比赛　　学生会体育部委员、筹备组组长（2 名组员）

赛前筹备：

- 牵头制定了活动计划及预算
- 落实了赛制、筹备工作时间表、各院系联络人
- 联络了 20 余个合作商家
- 落实了 1.2 万元和赛事用水的赞助（超额完成 20%）

比赛组织：

- 担任了 8 场比赛的协调工作

能力素质列表与案例库

能力素质列表是求职资料库的骨架，是积累其他材料的纲领与线索。列表的来源主要有两个方面：第一是求职者自己，就像之前探讨的“通用技能”、“自我管理技能”与“核心技能”；第二是市场对求职者的任职要求，作为一个职场新人，有可能切中的正是所谓能力“短板”，需要认真准备以备应对。除了对自己既往经历的回顾与反省，还可以重点从网申的开放性问题、既往的面试经历中提炼要点。

对照列表准备相应的案例，组建一个体系化的案例库，不但可以支撑求职者现阶段的求职需求，长远地看，还可以应用到申请奖学金项目、留学申请以及未来的工作晋升、干部选拔面试等。

下面就列出了适应能力、分析和解决问题能力、沟通能力、创造力、人际交往等 14 条要点，推荐给求职者结合自身情况，或在脑海中，或落实在笔头上，筹建自己的能力素质列表与案例库。

适应能力（Adaptation）

求职中，同学们要面对一家家大相径庭的公司，一个个招式各

异的 HR，一场场五花八门的面试……事关优胜劣汰，“适”者生存，“适应能力”指的是：对于新地理环境的融入能力；对于默认文化的理解和接受能力；对于遇到逆境时的自救能力；顺利期的自我把控能力；疲劳期的自我调节能力。

案例提示：

- 刚刚迈入大学校园遭遇的各种迷惑、困难及其应对策略
- 留学 / 交换生项目的经历
- 牛刀小试的实习经历
- 种种碰壁、挣扎成长，最后逆袭的励志故事

分析和解决问题（Analytical Skills and Problem Solving）

分析和解决问题是一个复杂的流程：首先能够识别问题和解析问题；其次在于归因，找到原因后，利用数理统计等方法分析问题，有针对性地制定多个解决方案，评估它们之间的可替代性，根据理性标准和应用情境找到最优解；最后落实在行动计划上。于是，这个流程对应的，一定是糅杂了多种能力素质的组合：制定目标、制定决策、分析 / 整合数据、测算、统计、估算时间 / 成本、制定预算等。

案例提示：

- 本科 / 研究生 / 其他专业课题研究的开展情况
- 时事经济、政治、文化等热点问题的剖析及建议
- 学生活动 / 实习遇到最棘手的问题及解决方案

沟通能力（Communication）

沟通可不仅仅是说话，职场成功与沟通能力有着密不可分的关

系。沟通，不仅包括说话，也包括眼神、表情、肢体动作等的交流，它需要你参透形势、明确对象、掌握底线、寻求共识。这么说吧，沟通就像在悬崖上建立一座桥，目的是勾稽四方：参透形势，就是审时度势，调查周边木材供给以明确可用资源，了解气候条件以明确潜在风险；明确对象，是根据来往行人的需要来调整设计方案；掌握底线，是确定预算、承重等限制因素，坚守住原则；寻求共识，确定了真正的供需才能有的放矢，达成共识。（第五章第2话中将继续深入探讨）

案例提示：

· 学生活动拉赞助的成功经验

· 说服不配合的同事完成团队任务的经历

· 通过沟通争取到组织或他人为自己破例的经历

创造力（Creativity）

创造力是个体产生新奇独特、有社会价值的产品的能力或特性，它的两种表现形式是“发明”与“发现”，即在学习、生活、工作中，能够发现别人没有发现的问题，提出别出心裁的解决方案，萌发出新的思维火花，对周围的人和社群产生积极的实用价值、学术价值、道德价值、审美价值等。就像在思考问题时，思维越“发散”，脑洞越大，旁路越多，可能触及的新世界就越广泛。

案例提示：

· 对时事经济、政治、文化等热点问题（如求职、招聘等）提出新建议

· 用思维导图将一个熟悉概念进行拓展的案例

· 参加创业课程 / 比赛的经历

领导力（Leadership）

在初入职场的初级选手这里，用“领导潜质”来代替“领导力”恐怕更加适合。领导潜质要着重展示出“变革型领导力”（Transformational Leadership）的潜质，具体包括具备领袖气质与魅力、善于煽动与精神激励、能够进行个性化的关怀、引导小伙伴发挥才智或是进行反思。

案例提示：

· 对他人产生积极影响的案例

· 说服不配合的同事一起合作的案例

· 在群体活动中，发挥主动性制订计划、积极推进、协调困难、取得成功的案例

人际交往能力（Interpersonal Skill）

人际交往最体现“情商”，这也是用人单位对求职者最为关注的能力素质之一。它体现着一个人的情绪、意志、性格、行为习惯，常见的典型行为包括：用积极情绪感染别人、很少抱怨批评、包容和宽容别人、善于沟通交流、良好地聆听、不推卸责任的同时积极解决问题、尊重他人、有同理心。当然，虽然不可能像外交家一样长袖善舞、面面俱到，但大家肯定各有所长。你是“淡定帝”还是“平事小能手”？选一个合适的角度，刻画出自己在与人交往时生动的一面吧。

案例提示：

- 朋友们喜欢用哪个词形容你，说说背后的故事
- 描述最不喜欢交往的人是什么样的，如何与这类人打交道
- 描述情绪最糟糕的时刻以及如何摆脱困局

团队合作能力（Team–working）

与分析和解决问题能力一样，团队合作也是一个能力包，包括沟通、目标制定、人际交往、抗压能力等，这些已经分别重点展开了。此外，还有几个重要因素：团队的组成结构和自己的角色，比如自己怎样补位以巩固团队综合实力，比如在分配、协调团队任务时，兼顾个体与整体目标的实现；自己在保障团队资源中发挥的作用，比如自己怎样为团队争取所需要的人力、物力、财力、信息；自己在维护与强化团队声誉时做出的贡献，特别是在有矛盾、受委屈的情况下怎样发挥大局意识，以团队的整体绩效和声誉为先。

案例提示：

- 求职者在一个团队中发挥特殊作用、扮演特殊角色的案例
- 和团队成员发生冲突并能圆满解决的案例
- 在团队中牺牲小我、成就大局的案例

抗压能力（Coping With Stress）

职场如战场——996工作制、严厉的老板、挑剔的客户、复杂的办公室生态……对很多人来说，似乎已经成了家常便饭，但对阅历不足的职场新人来说，就成了考验其能否快速、成功转换身份以及融入职场的所谓“逆商”。逆商，是指人们面对逆境时的反应方式，

即面对挫折、摆脱困境和超越困难的能力。一般考察四个关键因素，即 CORE——Control（控制，对逆境的控制能力）、Ownership（归属，即归因与问责）、Reach（延伸，对工作、生活其他方面的影响评估）和 Endurance（忍耐，影响延续的时间）。关键要阐明的是：第一，解决问题的方式；第二，心理调适的办法（如倾诉、运动、求助等）。

案例提示：

- 走出人生至暗时刻、渡过难关的经历
- 和他人发生矛盾、冲突后，事件对自己的影响和反思
- 实习中遇到严厉的老板、挑剔的客户的应对经历

批判性思维（Critical Thinking）

《中庸》对“批判性思维”做了阐释——“博学之，审问之，慎思之，明辨之，笃行之”。五个环节中的“审问、慎思、明辨”就是批判性思辨，辅以西方学界的观点，可以总结为：对课题的评估、对环境的考量、对证据的借鉴、得出的理性思考。著名的段子“把长颈鹿放进冰箱分几步”，其实正是源自一道考察“批判性思维”的真实面试题。在面试中，正确的操作是，首先考虑问题本身的合理性，即冰箱多大，长颈鹿多大，长颈鹿是死的还是活的，能否切块……

案例提示：

- 遭到质疑及质疑他人的案例
- 实现密室逃脱 / 勘破悬疑事件的精彩过程
- 工作坊 / 头脑风暴过程中对项目 / 事件合理性、可行性的评估过程

商业意识（Business Sense）

“商业意识”虽然冷僻，却体现了求职者对企业运作、财务成本、行政管理、市场定位、商业竞争等基本概念的了解，对商业、经济、金融及相关行业热门话题的敏感性等。它表现在求职者能够及时把握目标行业、企业、职业的风向，自主学习，与时俱进，对热门形势烂熟于心；有的放矢，相时而动，能把工作干到点子上。

案例提示：

· 关注的世界局势、国家大事及自身判断、观点

· 关注的行业动态、企业见闻

· 最近正在阅读的书单和打算阅读的书单

目标设定（Goal Setting）

目标设定的意义在于，帮助求职者把远大前程锚定在日常的细分目标和行为当中，凝聚注意力与精力的同时，始终提供激励与动力。好的目标设定可用SMART法则去衡量——Specific（细化）、Measureable（可测量）、Attainable（可实现）、Realistic（靠谱）、Time-framed（有时间节点）。一个能够进行良好目标设定的求职者，是一个思路清晰且执行力可期的候选人。

案例提示：

· 职业生涯规划、长/短期职业目标的设定情况

· 人生终极梦想是什么以及如何实现

· 用目标管理评价一次失败的人生经历

关注细节（Attention to Detail）

在职场中，与“人”相关的细节往往体现在对时间、穿着、劳动纪律等规则的尊重与执行，谈话方式与分寸、察言观色、肢体行为的把控与实施；与“事务和信息”相关的细节体现在数据信息的真实性、准确性、美观性。对于细节的关注体现了求职者的责任感以及对工作的态度和自我标准，因此用细节说话更能生动体现求职者的能力素质。

案例提示：

- 学习 / 生活 / 工作中“细节决定成败”、“蝴蝶效应”的案例
- 时事经济、政治、文化等热点问题、现象发展变化的比较研究
- 如何组织智能手机的桌面应用

进取心（Initiative）

“不想当将军的士兵不是好士兵”，进取心是动机与执行力的打包产品，包括但不限于目标制定、主动学习、自我发展。它在学习 / 生活 / 工作中表现为争强好胜，制定高目标并为之奋斗；不断追求完美；具有旺盛的精力与良好的工作面貌，主动好学；勇于接受挑战，要求自己工作成绩出色，十分自律；对新事物有强烈的求知欲，并能学以致用。

案例提示：

- 在某项比赛中获取胜利的经历
- 在学生组织 / 工作单位中自身成长过程
- 利用碎片化时间参与学习、培训的案例

诚信（Integrity/Honesty）

哪个雇主不希望把精力用在干正事上，而不是忙着摆布人事呢？因此，诚信很重要，它是人们在人际交往、职业交流中的个人信用积分。诚信度高体现着自律，忠于某种信条，并言行一致，意味着较低的交往风险与成本。在求职过程中，对“诚信”的考察往往集中在“小事”或是“细节”里，如申请信息的真实性，借钱能否如约归还，承诺的帮助能否落实，甚至能否按时交纳租金、水电费、信用卡账单……

案例提示：

· 向朋友借钱的经历

· 顶住压力，坚持诚信原则的案例

· 承诺难以兑现时采取的行动

企业分析

企业分析是针对目标企业的文化背景、发展情况、组织结构、校招项目、目标职位等的分析评分。在申请阶段，企业分析帮助求职者锁定目标单位，以便重点关注，集中火力；在筛选阶段，企业分析突出企业关键需求，以便有的放矢，提高效能；在决策阶段，企业分析提供关键决策依据，以便不忘初心，客观判断。企业分析可以看成是求职者的参谋信息，是主观、客观相结合的判断。

简言之，企业分析可以落实到一个打分表中，结合企业综合情况和求职者的职业兴趣、求职动机、职业价值观具化成打分项，然后对目标企业进行评估打分。打分排序是求职过程中时间精力分配的依据，打分高的重点关注，积极接触；居中的可以勇敢尝试，积累经验；分数较低的建议放弃，以节约时间、精力成本。

【案例】

下表是一个企业分析实例。主人公筱梅是河北省某高校制药工程专业2018年7月毕业的女同学，根据2019年3月发布在智联招聘“校园招聘”板块的招聘信息，为她量身设计了《我的企业分析评分表》。

根据对兴趣、气质/性格、技能、动机、价值观的综合分析，筱梅设定的目标职位包括：与专业对口的医药行业销售类职位、行政助理。此外，想去大城市闯荡一番的筱梅把目标城市设为国内一线城市。考虑到教育背景和综合能力素质竞争优势，筱梅把民营企业，尤其是发展较好的民营企业设为最关注的目标单位。

企业评分是根据网络收集的信息、雇主品牌口碑、招聘活动进展情况等进行的综合评分，其中“匹配度”（包括“本人—目标职位匹配度”、“本人—目标组织匹配度”两项）的打分最为重要，它决定筱梅的后续行动策略。

由于尚在申请阶段，表格的部分信息尚缺失，但是没关系，可以随着招聘活动的进展逐步补充。现阶段，通过已有信息已经能够对“匹配度”进行评分了，以决定是否申请及跟进。

举例来说，尽管中国电信（74分）、东方证券（96分）对筱梅来说是非常理想的雇主，但是由于招聘职位不对口、缺乏个人竞争优势，他们的匹配度评分并不高，因此并不打算申请。强生医疗部门的销售类职位最为对口，但是竞争太激烈；伊利虽是销售岗位，但是对产品不太熟

我的企业分析评分表

标准	强生	评分	中公教育	评分	伊利	评分	中国电信	评分	东方证券	评分	链家地产	评分
组织形象	2018年最佳雇主第29	10	上市公司	5	传统大型民企	6	全球500强	10	券商前10名	10	知名房产交易商	5
组织历史、规律	13万员工/130年	10	1000人以下/20年	6	最大乳制品企业	8	五大运营商之一	10	4000人/20年	9	13万人/18年	7
组织性质	外企	8	民营	6	大型企业	7	大国企	10	国企	10	民企	6
组织愿景、使命、文化	创新、关爱	10	职业教育领域	5	最大最强	8	云计算/大数据/AI	10	服务国家企业	9	优化地产生态园	6
接触工作人员体验指数			专业	7	专业	7	专业	8	非常专业	10	尚可	5
工作地点	全国多个城市	9	北京海淀	8	天津	5	上海、南京	8	上海	8	多个城市	9
行业整体薪酬水平		8		6		6		6		10		6
工作内容	医疗器材销售	7	研究院行政工作	8	销售奶制品	5	IT类	0	IT类、研究类	0	房产经纪	6
领导/团队												
职位的薪资福利												
工作时间	弹性	10	加班多	6							加班多/占周末	6
招聘项目规划	炫酷、完整	8	只有岗位	3	信息略多	4		7	精良策划	10	只有岗位	3
招聘职位诚意指数	总部、医疗、杨森	9	很多岗位	5	很多岗位	5	春季补招	5	实习生项目	10	很多岗位	6
筛选手段公平性									清楚明确、日程	10	门槛低	7
其他									实习生项目			
企业评分		89		65		61		74		96		72
本人-目标职位匹配度	销售岗位	10	行政助理	10	销售培训生	7	IT类	0	IT类、研究类	0	房产经纪	9
本人-目标职位匹配度	竞争太激烈、对口	3	有机会	7	竞争略激烈	6	竞争略激烈	2	竞争略激烈	2	有机会	8
匹配度评分		13		17		13		2		2		17
记录日期	3.17		3.11		3.19		3.19		3.19		3.22	

示例：筱梅的《我的企业分析评分表》

悉，导致缺乏竞争力，因此二者匹配度评分居中，可以持积累经验的目的进行尝试，如果能够进入笔试、面试，一定要重点准备。中公教育、链家地产由于企业在行业中发展潜力较大，提供的销售类职位数量多，城市选择多，是非常理想且竞争激烈程度较易接受的选择。于是，筱梅决定多花些时间研究这两家企业，特别是可以联系已经在职的师兄、师姐了解一下工作体验，再结合他们的建议把自己的简历精修再精修，她甚至决定给两家企业的人力资源部门发邮件或打电话，具体咨询一下招聘细节，同时毛遂自荐。

当然，对于不同的求职者来说，企业分析的打分个性化程度极高。首先，企业评分这部分，有的人艳羡公务员稳定的工作，那么对外企的评分可能相对较低；有的人想回家乡就业，那么北上广这样的一线城市未必获得高分；大家对于招聘项目规划、筛选手段公平性、接触工作人员体验指数的心理感受和评判也不尽相同；更何况，还有更多的因素可以被囊括进来，比如招聘项目是否为管理培训生项目、目标职位的在职培训机会等。因此，企业评分是选出求职者自己心中的“最佳雇主”。其次，匹配度评分存在显著差异化。假设筱梅是一位985/211大学金融专业硕士研究生，学习成绩优异，实习经历较为丰富，那么其与东方证券的匹配度就会非常高，相应地，求职动机也会比较强。

大家也许会问：关注的每一家企业都要进行评分吗？当然不，选择标准是：特别感兴趣的企业、提供目标职位的企业、行业中的标杆企业。可以把企业分析作为关于行业、企业“商业意识”养成工具——收集、观察、积累、评判和比较企业信息，求职者会逐渐对各行各业形成一个较为宏观的认识，辨识处于不同生命周期、市场地位的企业对个人职业发展的意义和价值，趁此机会还可以掌握一些商场、职场中的术语、专业词汇，在求职中就可以展示出较好的职业性与专业性。所以，花些时间做企业分析吧，比例最好在关注企业的50%~70%。

求职记录

求职记录可以理解为求职流水账。无论申请目标企业 / 职位数量多少，通过一本手账，或是一个 App，或是设计一个 Excel 表格，甚至把企业分析评分表延续下去，都可以把求职进度记录下来。为什么要这么做呢？请联想以下几种场景：

· 网申又遇到了类似的开放性问题，对，上次那个怎么答的？要是保存了，直接改改粘贴过去多好！

· 终于要去心仪的企业面试了，哎哟，等等，我在申请时开放性问题是怎么回答的，挖了什么坑，准备怎么填啊？！

· 对了，X 企业笔试多久了，怎么没信了，难道是我凉凉了？

· 同时拿到 n 个 Offer 好开心，庆祝 Party（派对）开了几个……某天一翻邮件，天哪，有一个过了考虑时限！

古人云，“不打无准备之仗”，求职亦是如此。求职记录除了帮助还原求职细节，还可以锻炼求职者时间管理、关注细节、逻辑思维等综合能力，是求职文案系统的必要构成。它的内容包括但不限于：

- 投递日期
- 投递简历版本
- 开放性问题内容概要
- 收到通知 / 拒信日期
- 各类测评类型、日期
- 电话 / 一轮 / 二轮面试中，日期、面试官姓名、面试类型、题目
- 体检 / 政审的日期、相关安排
- 接受 Offer 日期、答复时限、主要条款内容
- 签订三方协议日期

求职复盘

“复盘”是一个围棋术语，也称“复局”，指对局完毕后，复演该盘的记录，以检查对局中着法的优劣与得失关键。近几年，“复盘”也逐渐应用在商业演练中，解剖企业管理中的关联环节，通过回忆、分析、解释、阐述，寻求更优解。

求职复盘也是这样一个目的，参加笔试、面试、求职培训怎样才能真正举一反三地运用于实操当中，提升自己的战斗指数？这就需要求职者首先，回顾并记录攻守双方如何出招，如何见招拆招；其次，评估结果是否满意；再次，分析原因，是紧张了，是轻敌了，还是断片儿了；最后，总结经验，为自己提出改进建议。

案例（悠然参加某网络技术公司实习生面试复盘）

一、回顾：

日期：2004年12月

企业：全球知名500强网络技术公司

职位：人力资源部招聘实习生

面试轮：第三轮面试（终面）

面试官：星期五先生（Global VP）

时长：30分钟

星期五：首先欢迎你参加实习生面试，闯到最后一关实属不易，我是VP星期五，今天是我退休前的最后一个工作日，很高兴还能有机会为公司举荐新人。那么，请用英文先介绍一下你自己。

悠然开始做自我介绍，包括教育经历、学生工作经历、学术研究成果……

星期五：还有吗?

悠然略做思考，补充了企业研究的大致情况，解释了求职动机。

星期五：那个，还有吗?

悠然绞尽脑汁地补充对自己优缺点的评价。

星期五：还有吗?

悠然：请问可以用中文回答吗?

得到准许后，悠然描述了在校期间组织的最成功的学生活动。

星期五：还有吗?

悠然：That's all！

星期五：请问你今天干什么来的?

悠然：来面试啊，我想来贵公司人力资源部门实习。

星期五：怎么才能得到这份工作?

悠然：证明我是最合适的那个。

星期五：说对了一半，但不全对。因为，合适不适合，是我说的，不是你说的！就像感冒，是医生说的，不是病人说的。我判断，你来之前，没有准备好！

悠然作委屈状……

星期五：我知道你不服，心里肯定在想，我明明准备了，你什么都没问，我回答什么？！但是，你有没有想过，你在来见我之前，有没有酝酿出一种激烈的情绪，有没有怀抱一种迫切的愿望？那就是，悠然我有以下七大条优点，不管你星期五打算刁难我什么问题，我都要想尽办法告诉你，我有这七个优点。而且，要是没跟你展示完我这七个优点，我就不出你这个门！

星期五：你可有这种雄心壮志?

悠然沉默良久，摇头。

星期五：我在这家公司工作超过20年了，这家公司虽然做的是网络技术，但我们的核心是销售。也就是说，每一个人都要会销售，上至总裁，下至实习生，这是我们的文化，是我们的生存技能，更是我们毕生的终极追求。我已经在香港的码头有几条游艇，但是你知道我为什么还在工作吗?

悠然一脸茫然……

星期五：销售已经融入我的血液里，我在外销售公司的产品，在公司内销售我的才能！你明白吗，不销售，不成活！I don’t work for money, I work for fun（我工作不是为了钱，而是为了快乐）！现在，你来说说，你为什么工作?

悠然：我也是 work for ‘fàn’（为 fàn 而工作）啊……

星期五满意地点点头，一脸赞许。

悠然：领导，您不明白，您是 work for fun（为 fun 而工作），我是 work for fà n——“饭”啊！

二、评估：

由于面试官星期五没按常规出牌，很难归到如结构化面试的这种熟悉套路中去，完全就是围绕“一个问题”开放式聊天。从应对的效果上讲，悠然除了前两个问题答复得还算令人满意，其他的都是现编排、现组织语言，效果并不理想。

但是从结果上，可能是最后抖了个机灵，也可能是总体回答还算靠谱，最后还是被录用了。

三、分析：

1. 面试前轻敌是肯定的，前两轮面试太顺利了，似乎已经 PK 掉了其他竞争者，一个人进入了终面，因此感到就是在走流程而已，总体是一种应付的心态。

2. 暴露了面试准备方向性的问题——不能只看面经，押题准备答案，要不一换套路，一变问题，就干瞪眼了。

四、总结：

1. 星期五的建议很有启发性，在以后的面试准备中，应该发挥更多的主动性，以自己的知识、能力为核心来准备，才能以不变应万变。

2. 从星期五毕生的心血总结中，学到一个关键词——销售，一种态度——不罢休，一腔气魄——天下谁人不识君！这让悠然明白了，作为一名即将走向社会的大学生，心中应该抱着一种怎样的情怀，应该本着一种怎样的格局，对待自己，对待工作，对待机遇。

3. 这一天，对于星期五来说，是职业生涯的最后一天，但对于悠然，一个青涩的即将毕业的大四学生来说，是真正意义上职业生涯的第一天。

这就是一次简单的“复盘”，悠然从头到尾都没有记录自己具体的答复，但是清晰地记下了星期五的问题和每一句话，可见这次面试对他的冲击与启发有多大。虽然这次面试距今已有15年之久，但悠然仍会时常翻出来温习，鼓励、鞭策一下自己，从中总结新的哲思，汲取新的力量。

随着求职步步深入，求职文案系统也会丰富壮大，特别是那些真正有效的交流、收获与反馈，会帮助大家不断成长，不断检视在第一章第2话建立的“职场人设”是否准确。从长远来讲，求职文案系统是一个“积累—反思—总结”的过程，也是一种职业习惯，将长期为职场人士赋能，支持其职业生涯发展。

第2话

关于简历·新人官宣操作一览

How to Draft a Resume?

一份拿得出手的简历可以伴随职业生涯的始终，随着时间的流逝，求职者要做的不过是不断地充实内容，并针对目标用人单位和职位进行客户化调整；又或者，干脆准备出多个版本应付不同需要。无论怎样操作，写一份基础性的简历都十分重要。此外，不要把“写简历”看成是简单地“写”，而应看成是以求职者为中心的自媒体宣传，是包括了简历及其周边（求职信、生活照等）在内，争创个人的求职风格与品牌的全部材料。

我们先从“简历”入手，考虑到“写简历”是一项实际操作，通过案例来阐释才最为直观——

下面，求职者可以抱着“大家来找茬”的心态，试着给别人的简历找问题，然后抽丝剥茧，get定制完美简历的技能包。

核心案例

Elain是一位刚刚毕业的海归硕士，作为北京人自然准备在京就业，学习对外汉语和公共管理的她把目标岗位设定为行政助理、项目策划等。在面谈中发现，Elain 的优点非常突出——形象气质很好，有海外教育背景的加持，在文娱行业有过实习经验，在摄影、平面设计方面也小有心得，是一名很有潜力的求职者。

个人简历

<table>
<tr><td>姓名</td><td>Elain</td><td>性别</td><td>女</td><td rowspan="4"></td></tr>
<tr><td>民族</td><td>汉</td><td>籍贯</td><td>北京</td></tr>
<tr><td>出生日期</td><td>1993 年 7 月 7 日</td><td>学历</td><td>大学本科</td></tr>
<tr><td>专业</td><td>对外汉语（本科）
公共管理（研究生）</td><td>语言能力</td><td>大学英语六级
雅思 5.5（出国前）</td></tr>
<tr><td>院校</td><td>首都经贸大学
美国伊利诺伊大学</td><td>邮编</td><td colspan="2">100087</td></tr>
<tr><td>联系电话</td><td>13512345678</td><td>邮箱</td><td colspan="2">Elain.g@gmail.com</td></tr>
<tr><td>社会经历</td><td colspan="4">一、北京 FFJQ 文化传播有限公司
安排物料、艺人及随行人员往返出行及酒店，活动现场执行等相关工作。
如：RI 组合北京演唱会、艺人 CG 发布会演唱会、艺人 CCS 发布会
二、GXCM 公司
1　多次担任电影首映、发布会、音乐风云榜颁奖礼、节目录制及宣传片等活动的摄影。
2　2017 音乐风云榜艺人统筹。
三、2013.8-2015.6　百度旅游校园部策划</td></tr>
<tr><td>个人技能</td><td colspan="4">• 有不错的英语水平及海外经历。
• 熟练掌握 Photoshop、lightroom 等图片处理软件。
• 熟练掌握 Office 等办公软件。
• 熟练使用单反。
• 经过大学学习，掌握新闻采写、摄影等方面的专业技能，有良好的文字功底。
• 可熟练使用微博、微信、豆瓣等社交网站。
• 了解活动运作。</td></tr>
<tr><td>校园经历</td><td colspan="4">• 参与大学生科研创新大赛优胜。
• 学院外联部成员，与其他学院、学校交流合作。</td></tr>
<tr><td>自我评价</td><td colspan="4">• 个性开朗，有良好的协调沟通能力。
• 责任心及团队意识强。
• 有一定抗压能力，心里素质较好，并可以虚心听取他人意见。</td></tr>
</table>

但是，如果只看Elain的简历，根据经验，在简历筛选环节大概率会被拒。正像很多大学生的简历初稿一样，无论是乍一看还是仔细看，这份简历确实存在很多通病：

1. 表格结构看似清晰，但是重点不突出，格式略僵硬；

2. 学习成绩、学生工作经验数笔带过，只为HR提供了不充分的有效证据；

3. 实习经历的文字表述逻辑性差，内容过少、时间节点不清晰……

于是，首次修改建议是这样的：

最好不用表格的形式构建简历内容。表格形式看似清晰，但并不利于展现逻辑线索。简历的内容通常是多级目录，比如在“实习经历”的小标题下，不同阶段的实习经验是第一层子目录，包括实习的企业名称、职位信息、起止时间，而岗位任务是第两层。

当然，如果在同一个单位做过不同岗位，或是同一个岗位包含不同职能，简历也可能还有第三层、第四层，如下图所示。而这时，使用表格，反而会使内容受限于形式，不利于表达逻辑层级。

实习经历：

××大学招生就业处　　就业助理　　2003年9月—2004年3月

工作职责1

工作职责2

工作职责3

××大学招生就业处　　招生咨询助理　　2004年3月—2004年7月

工作职责1

工作职责2

为什么逻辑层级这么重要呢？设想一下招聘季中，求职者趋之若鹜的用人单位会收到成千上万份简历，而留给 HR 集中筛选的时间不会超过4周。极端情况下，每个 HR/ 猎头 / 招聘经理的日工作量以200~300份简历为极限。按照每天工作8小时计算，如果看200份简历，那么平均每份简历的浏览时间是2.4分钟，如果看300份，那么就是1.6分钟。在有限的时间里，高效的逻辑结构将更好地呈现关键信息。

试想，当 HR 点开你的简历会看到什么？求职者可以结成对子，交换简历，计时2分钟，把这份陌生简历中最打眼的、给你留下深刻印象的内容用马克笔标出来。2分钟后，交换回来。接下来，大家就可以清楚地看到，从旁人的视角看自己简历的时候，他们所关注的或是被吸引的和你努力想表现的是否一致。

在真正筛选简历的工作中，HR/ 猎头 / 招聘经理也是这样工作的，为了提高工作效率，他们直接搜索关键信息。如果简历中有加粗加黑的大标题，对个人信息、教育背景及学分绩、学生 / 工作经验、技能技巧等信息进行分区，HR 就可以迅速锁定关键区域，进而向下搜索关键信息点。记住，在有限时间内，简历中被抓取的关键点越多，对求职者就越有利。

当然，特别喜欢表格的话，求职者也完全可以用表格进行多级设计，之后隐藏表格，只显示清晰的逻辑结构就可以了。

建议一：重新调整排版和逻辑顺序结构，用大小标题垂直展开的形式替代目前结构僵硬的表格结构。重新梳理内容，把内容整理成为五个部分：个人信息、教育背景、学生工作、实习经验、语言及技能。

800多万大学毕业生是一个多么庞大的群体。由于同质性很强，因此，简历的重点需要进一步突出，特别是学生工作及实习这种培养通用技能（第一章第2话）的经历尤为关键。这里既是 HR 搜索信息的关键区，也是同学们犯错的重灾区。拿案例举例，“创新大赛”、“外联部”、“文字功底”、“社会经历”这几个都是关键词，HR搜索到了，Bingo（很好）！可是再往下看，详细的信息却是基本缺失的——看不到Elain的职责和贡献，无法判断她只是个打杂的，还是确有机会和实力参与到了真正的职场工作中。因此，在这里需要借助STAR法则一一检查自己缺失了哪些内容。

建议二：“创新大赛”、“外联部”、“文字功底”、“社会经历”几个关键词下，按STAR模型补写一段介绍，每段不少于三行。

建议三：细节问题要重视。比如教育经历未更新、雅思成绩如果不算理想可以先不提供、照片应该更加职业化。

建议四：自我评价的内容不少，但是并不出彩，如果在搜索引擎中“查重”的话，应该可以退回重写了。

于是，Elain接纳了建议，反馈了修改后的第二版简历，如图所示。

与第一版相比，再版简历有了很大进步——很容易找到个人信息，非常清晰的内容分区。更重要的是，实习内容占到了40%的篇幅，可以找到揭示职责及行为的词汇，比如“了解”、“核对”、“分配”、“协助”、“接洽”、“拍摄”、“善后”；也可以找到一些工作效果的描述，比如“作为新闻图发布于新浪、腾讯等各大媒体首页”、“培养了一定应变突发问题能力及与人沟通技巧”；技能特长用更具表现力的进度条分项展示，生动直观，Bravo（好极了）；自我评价列出了3条，从应变能力、性格/人际交往、责任心/团队合作三方面强调了自己的优势。

郭芙蓉 Elain

女|27 岁|汉族|硕士|173cm/65kg|应届生|13512345678|
elain.g@gmail.com| 户籍所在地：北京

教育背景

2012.9-2016.6　　首都经贸大学　　对外汉语

大学英语四级 504 分，六级 451 分，雅思 5.5 分

2017.8-2018.8　　美国伊利诺伊大学　　公共管理

GPA：3.63

实习经验

2014.7-2014.9　　北京 FFJQ 文化传播有限公司　　媒体助理

1. 配合团队完成演唱会及发布会流程

了解对方各项需求并完成物料的准备、核对以及分配，协助完成媒体对接并派发不同类型证件，与艺人团队接洽并做好活动前祈福活动

2. 新闻图片拍摄

“我是闪亮新星”发布会及艺人 CG 发布会、艺人 CCS 发布会

2015.7-2017.4　　北京 GXCM 股份有限公司　　艺人统筹、官方摄影

1. 2016.4 音乐风云榜官方摄影师

拍摄盛典红毯、演出及幕后照片，并完成后期调色等工作，图片作为新闻图发布于新浪、腾讯等各大媒体首页

2. 2017.4 音乐风云榜艺人统筹

负责管理多位艺人的盛典全套流程，从活动前了解艺人需求到酒店、用车分配，再到活动结束的善后工作，培养了一定应变突发问题能力及与人沟通技巧

第二版简历（1）

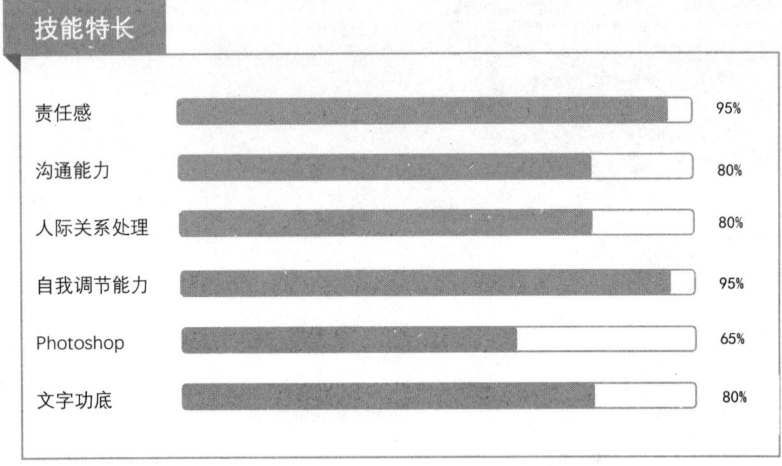

自我评价

1. 拥有一定应变能力，在突发情况可以尽可能保持冷静
2. 性格开朗，在任何时候可以与同事、同学打成一片
3. 责任心强，会尽全力完成好自己的部分，做到不拖团队后腿的情况下努力出彩

第二版简历（2）

如果说第一份简历打40分，这一份可以给到60分了。大家可能会问了，才刚及格吗？还有什么问题呀？下面我们分解一下每个区域。

存疑　需要完善的

第一部分：个人信息

郭芙蓉　Elain

女|27 岁|汉族|硕士|173cm/65kg|应届生|13512345678|
elain.g@gmail.com| 户籍所在地：北京

· 姓名字号大，其他信息字号小，差异设定突出了姓名，留下了清晰的第一印象。

· 照片更换成为一张更为职业化、像素更高的证件照。

· 个人信息通过“|”加以间隔，平行展开，清楚直观。

· 哪些信息需要明确，而哪些并不需要明确呢？

· 信息如何排序呢？

· 展示的个人信息包括姓名、性别、年龄、民族、生源地、联系方式，除非另有要求，身高、体重、婚姻状况等较为隐私的信息可以不提供。

· 建议将电话、电邮、住址等联系方式与其他信息分成两行陈列，便于 HR 寻找。

· 手机号码位数较多，可以通过空格或“-”进行分隔，如：“135 1234 5678”或“135-1234-5678”。试想一下，终于通过简历筛选，HR 准备电话通知或是准备电话面试时，当他/她准备拨号，手机号分隔数位的显示会不会方便很多？

· 格式统一。建议将“户籍所在地：北京”改为“北京生源”。

第二部分：教育背景

教育背景

2012.9-2016.6	**首都经贸大学**	**对外汉语**
大学英语四级 504 分，六级 451 分，雅思 5.5 分		
2017.8-2018.8	**美国伊利诺伊大学**	**公共管理**
GPA：3.63		

· 教育经历信息的排版清楚明确。

· 部分信息缺失，比如学位情况、专业课、本科阶段学分绩、排名。

· 英语水平相关内容要放在这里吗？

· 学位情况是非常重要的信息，不要指望 HR 帮你算一下 4 年还是 2 年，哪一个是本科，哪一个是研究生。建议修改为“对外汉语 文学学士”、“公共管理 管理学硕士”。另外，建议将拿到学位时间点最近的，也就是最终学历放在前面，两行信息调换一下顺序。

· 英语语言水平只是大学阶段学习的一部分，不要鸠占鹊巢，可以拿出来放在大学教育这部分信息的下面。而让出来的位置应该留给学分绩、成绩排名、专业课设置。学分绩是量化反应学习成果的客观数据，具备横向可比性；排名也是学习能力、竞争力的体现，如果理想的话，也可以主动写上，格式可以用百分比或分数（比如100个人中排第五，写成5%或5/100）；有些专业设有一些实用性很强的课程，比如说有的金融专业设置了金融分析的课程，直接对应CFA考试，可以在这里列举一下。需要提示的是，如有海外留学经历，学分绩计算方法可能与国内不同，比如一些海外高校学分绩总分为4分，有些总分为5分。因此，建议明确学分绩格式为“4.8/5”或“3.63/4”。

· 关于雅思成绩，建议6.5以上的有效成绩可以放在简历中。提供时最好明确听、读、写、说四部分的成绩及总成绩，并明确考试年份以示有效，比如：雅思成绩7.5（8/8.5/6.5/7, 2015）。

第三部分：实习经验

实习经验

2014.7-2014.9　　北京 FFJQ 文化传播有限公司　　媒体助理

1. 配合团队完成演唱会及发布会流程

了解对方各项需求并完成物料的准备、核对以及分配，协助完成媒体对接并派发不同类型证件，与艺人团队接洽并做好活动前祈福活动

2. 新闻图片拍摄

“我是闪亮新星”发布会及艺人 CG 发布会、艺人 CCS 发布会

2015.7-2017.4　　北京 GXCM 股份有限公司　　艺人统筹、官方摄影

1. 2016.4 音乐风云榜官方摄影师

拍摄盛典红毯、演出及幕后照片，并完成后期调色等工作，图片作为新闻图发布于新浪、腾讯等各大媒体首页

2. 2017.4 音乐风云榜艺人统筹

负责管理多位艺人的盛典全套流程，从活动前了解艺人需求到酒店、用车分配，再到活动结束的善后工作，培养了一定应变突发问题能力及与人沟通技巧

· 第一层目录架构清晰，列出了不同时间两段实习经历及相关职位；第二层次也通过序号的方式明确出来了。

· 使用了更多的关键动词，反应出承担的职责及付诸的行动，如"了解"、"核对"、"分配"、"协助"、"接洽"、"拍摄"、"善后"。

· 对工作效果进行了描述，比如"作为新闻图发布于新浪、腾讯等各大媒体首页"、"培养了一定应变突发问题能力及与人沟通技巧"。

· 第二层目录前后的描述维度不一样，第一段实习中，序号"1"、序号"2"区分的是不同的职责，而在第二段实习中，序号"1"、序号"2"区分的却是不同的活动。

· 描述工作职责和流程的语言还不够洗练，专业性有待加强。

· 格式排版与内容层次的配合有待改进。

· 进一步对格式进行加工，可以通过字体加粗、插入项目符号分层次。

· 统一标准。每个层次和部分描述什么内容要前后一致。如果第二个层次确定为对职责的描述，那么需要重组文字内容，第二段实习中，可把第二个层次的工作职责重组为："1. 独立负责大型活动艺人统筹"、"2. 负责新闻图片拍摄"。

· 使用更专业的词汇、句式描述工作职责和流程。

· 多用量化指标描述工作绩效，比如接待了多少家媒体、负责统筹几位艺人、拍摄了多少张照片、其中多少张照片被主流媒体使用。

· 部分工作职责可以进一步细化，比如第一段实习中提到"与艺人团队接洽”，还可以补充核对流程、沟通安排、组织彩排、协调问题、处理突发事件等。经过有效编辑，要让职责描述更丰满地还原一个实习生并不轻松甚至充满挑战的工作。

第四部分：技能特长和自我评价

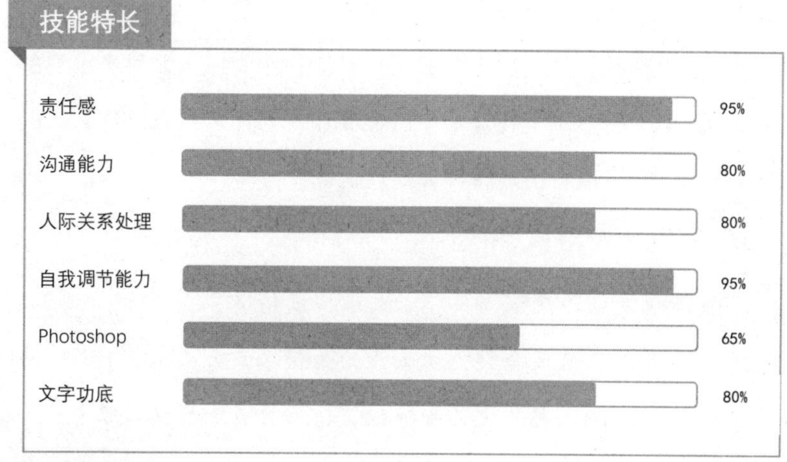

技能特长

技能	程度
责任感	95%
沟通能力	80%
人际关系处理	80%
自我调节能力	95%
Photoshop	65%
文字功底	80%

自我评价

1. 拥有一定应变能力，在突发情况可以尽可能保持冷静
2. 性格开朗，在任何时候可以与同事、同学打成一片
3. 责任心强，会尽全力完成好自己的部分，做到不拖团队后腿的情况下努力出彩

· 技能特长中进度条的设计让人眼前一亮，非常清晰、生动地展示了技能特长与进步空间。

· 自我评价按序号展开，结构清楚。

· 技能特长的能力项描述应该再简练、通用些。

· 自我评价是最能体现个性化的部分，可是风格较为温和，文字略显普通。

· “人际关系处理”修改为“人际交往”；“自我调节能力”修改为“抗压能力”；“Photoshop”太局限，建议酌情修改为“图片 / 视频编辑”；“文字功底”修改为“文字编辑”。

· 图片 / 视频编辑是一项专业的工作技能，作为一个非科班出身的管理学硕士，既然水平在业余中已显专业，为什么给自己这么低的评分呢？完全可以自信地将评分适度上调。

· 自我评价重新组织、修饰语言，调整为：

1. 灵活机变、淡定沉着，擅长处理突发情况；
2. 性格开朗、乐天合群，团队里的大忙人兼开心果；
3. 责任感爆棚、完美主义细节控，协助自身和团队共赢！

· 调整后，语句结构统一、词汇鲜活生动，增加了说服力，不但能帮 Elain 赚眼球，而且从另一个侧面也佐证了 Elain 的细节控和评分在“80%”的文字编辑能力。

这次修改以后，简历能达到多少分呢？最高可以给到 80 分。大家可能还会有疑问，剩下 20 分的提升空间在哪里？

简历要根据目标用人单位 / 职位进行客户化处理。调查企业的使命、愿景、价值观、企业文化、岗位职责、任职资格等信息，锁定关键词、关键要求、关键标准推导出关键能力要素，然后尽可能多地在简历里体现这些能力要素。

比如 Elain 准备投递爱奇艺的校园招聘项目，那么首先要研究爱奇艺及其周边：企业使命是“未来，爱奇艺将在多元化的内容储备、个性化的产品体验、定制化营销服务领域继续发力，引领视频体验革命。不断提升连接人与服务的能力，更好地改变人们的生活”；企业愿景是“做一家以科技创新为驱动的伟大娱乐公司”，企业文化核心词汇是“简单想 简单做”；校园招聘项目标语是“去创造 不跟随”……从这些信息可以提炼出“创造力”、“客户导向”、“沟通协调能力”、“目标-结果导向”、“创新”等能力要素，结合岗位职责和任职资格，可以在“实习经验”、“自我评价”部分补充一些关键事件和信息。

简历要根据自己的职业梦想和目标职位进行个性化的处理。建议在开头/结尾选择合适位置，简述自己的职业人设侧写、职业梦想及求职目标。当然，职业梦想和求职目标千万不要和目标用人单位与职位南辕北辙。

职业人设侧写是一小段对自己职业经历及能力素质的综合描述，反应与众不同的学习和工作经历。此外，可以使用2~3个描述气质、性格的形容词彰显个人优势与特点，以塑造兼具深度、广度的职业形象。下面用人力资源管理专业毕业生悠然的职业人设侧写举例：

3：实习轨迹跨越事业单位、世界500强知名外企、民营上市公司3种不同类型的组织，从不同角度践行人力资源管理理论与实践。

2：学习轨迹跨越北京、上海2大城市著名高校，师从知名教授，完成了全面薪酬、雇主品牌建设等重点研究课题。

1：矢志不移的理想是成为1名优秀的人力资源管理者，成为达成组织使命愿景的战略合作伙伴，成为助力员工职业生涯成功的专业发展顾问。

简历编写原则

分享过核心案例，循着简历修改的过程，参考修改建议，可将简历编写原则总结如下：

信息真实、准确

简历提供的全部信息必须真实、准确，要不断核对各项内容是否是准确的、最新的信息，检查有没有歧义，有没有遗漏。必须澄清的是，之前提到根据目标用人单位的招聘需求客户化自己的简历，这里指的“客户化”是突出“人家要、你也有”的能力素质要素，在实事求是的基础上进行强调并拓展，并不包括弄虚作假和故意夸大。

内容全面

简历内容要全面，兼顾展示自己、回应目标职位任职资格的目的，一般包括：

· 联系方式：姓名、电话、地址、邮箱等。

· 职业目标：反映清晰、明确的就业方向与职业定位。

· 职业人设侧写：精心编辑一段文字反映专业资质和经历。

· 教育经历：毕业院校名称、专业、学历学位、学制、主要专业课程、研究项目、学分绩、排名。

· 工作/实习经历：工作单位的名称、地点、职位、服务期、主要职责与业绩、联系人及信息。

· 相关资质：各种证书、牌照、培训以及颁发机构的名称、时间。

· 荣誉奖励：奖学金、助学金、三好生、优秀毕业生、比赛奖牌等，一定要明确颁发机构的名称、时间，可据篇幅简述授奖原因。

· 社会工作、志愿者项目、学生工作经验：在 NGO、行业协会、学生组织、社团、俱乐部等的服务经历，包括服务机构的名称、地点、职位、服务期、主要职责与业绩、联系人及信息。

· 技能特长：实务应用技能，如计算机软 / 硬件技术水平、外语水平、驾驶技术等。

时间倒叙

在描述经历时，务必使用时间倒叙原则，从展示最近的状态开始倒推经历，如教育经历从最高学历开始，工作经历从最近的单位开始。这样 HR/ 猎头 / 招聘经理在浏览简历时，便于迅速抓取求职者当下的状态。

高相关

如同写作文要详略得当，简历详写哪些内容要弄清：

· 与目标用人单位 / 职位相关的要详写，以满足 HR/ 猎头 / 招聘经理搜索关键词、关键能力素质要素的需要；

· 与个人长板能力相关的内容要详写；

· 尽量将以上关键内容反映在简历的第一页内。

STAR 法则

承接以上，详写的内容是什么？是反应关键能力素质要素的情境、目标、行为、效果，即 STAR。STAR 已在案例中（第三章第 1 话）做过详细解释，此处不再赘述。

量化业绩

描述行为时，千万别忘记用数据说话，增加说服力、可信度。

使用职业语言

求职者要进入的是职场环境，在中文作为工作语言的环境里，会经常起草请示、汇报、研究报告等；在英文作为工作语言的环境里，会经常起草 E-mail、PPT、Meeting Memo（会议备忘录），这是工作内容的最基本构成，也是对能力素质的重要要求。而这种能力素质最直观的反应就是简历的语汇组织。然而，求职者在写简历时，恐怕最头痛的就是写不出符合职场气质的语言。语汇不够成熟专业，表达过于口语化；句式结构不够严谨清晰，表达过于随意化。

请注意上面这段文字的语汇和句式结构，如果随便一点儿，可以表述成："大学生写简历，最难的就是不要写小孩儿话了，怎么能运用职场中喜闻乐见的词汇和句式呢，千万别给 HR 随便堆砌句子的感觉！"其中，"小孩儿话"、"最难的"、"怎么能"、"千万别"都是十分口语化的语汇和句式。另外，整个句子的逻辑关系和结构也很混乱，到底最值得关注的是用词要成熟呢，还是句式要有序呢？二者原本的并列关系并没有反映出来。在正式的表达里，一是并列关系的词汇、句式，建议使

词汇库

适应 拓展 开拓 建立 创立 维持 管理 安排 计算
平衡 分配 分析 测评 评估 检查 审查 诊断 对标
厘清 制作 精制 安装 适配 集成 销售 管控 安装
操作 采购 服务 升级 建议 预判 参与 协助 协调
合作 组成 咨询 商议 决意 指导 交流 面谈 发明
介绍 发起 引导 维护 激励 激发 组织 带头 志愿
培训 计划 建议 教授 变革 表现 预览 构思 概述
起草 架构 编辑 定义 表达 设计 调查 修改 浏览
发表 研究 更新 校正 重构 降低 提升 发展 执行
运用 准备 筹备 开展 运用 选择 重组 提供 追求
总结 获得 担任 完成 完善 交付 影响 确保 确定
整合 解决 产生

用相同的结构（标点对区分结构关系发挥辅助作用），比如“语言不够……，表达过于……；句式不都……，表达过于……”；二是语汇使用“成熟专业”、“严谨清晰”、“口语化”、“随意化”这样书面的词汇，总体效果就会显著提升。

解决了句式结构的问题，还要拓展职场词汇库，不要重复使用“完成”、“做”、“有”这样的词汇了。文中附上的动词词汇库将为求职者打开脑洞，更专业地进行职场行为描述。

Do’s and Don’ts（该做的和不该做的）

- 准备一份基础简历，根据需求进行客户化从而衍生出多个版本；
- 记录下每一次投递使用的简历版本；
- 简历内容，特别是关键信息，尽量集中在一页纸以内；
- 反复核对联系方式，确保准确无误；
- 结构清晰、详略得当；
- 信息真实、准确，经得起在面试阶段的反复推敲；
- 适当使用图表、数据；
- 语句、词汇运用恰当、专业成熟；
- 证件照大方得体；
- 设计以服务 HR/ 猎头 / 招聘经理的阅读习惯及工作需求为原则。

- 不理想的成绩、失败的经历等有损人设的内容不提供；
- 身高、体重、朋友圈等较为私密的信息不提供；
- 没有特色的个人侧写 / 总结不提供。

求职信

也许有的求职者会有这样的疑问：现在都使用招聘网申系统了，我们还需要求职信（Cover Letter）吗？答案是肯定的。

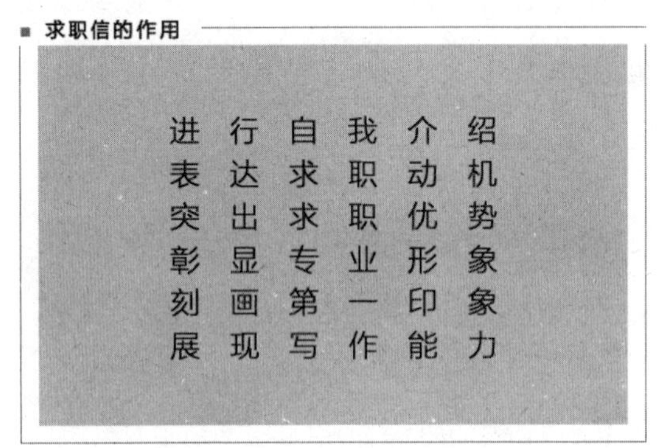

不要说很多招聘系统依然要求求职者上传求职信；还有可观数量的用人单位在未使用招聘系统或是进行补招的情况下，依然依赖传统邮寄、现场收集、电子邮件等方式收集简历；甚至有些时候，求职者通过朋友介绍或是毛遂自荐进行求职。在这样的场景下，求职信发挥的作用就如同面试中的第一个问题——“请做一下自我介绍”。这时，求职信就是求职者本人，HR通过简要了解求职者的基本信息和求职动机，在脑海里逐渐形成一个关于求职者的基本画像，或是打上特色标签，如“大学生”、“行政管理专业”、“本科”、“志愿者”、“热情有活力”、“求职意愿：行政助理”，根据这些印象和标签，HR会决定要不要打开简历细读一下。

同时，求职信作为一种书面的沟通形式，是最简单的职场练笔，甚至可以看成是微型公文。它能从侧面反映出一名求职者基本的语言与逻辑能力，方便HR对其基本的职业技能进行预判。

在起草求职信之前，和写简历的程序一样，求职者需要做同样的事——企业分析。如果说简历需要客户化，那么求职信更要客户化到：

· 读者：是 HR 还是直线经理？如果知道姓名、称谓，要直接写在抬头上；不知道的情况下可以写成“尊敬的先生 / 女士”、“尊敬的招聘负责人”、“尊敬的 ×× 团队负责人”等。

· 动因：为什么对雇主、目标岗位感兴趣？陈明职业兴趣，简述求职动机。

· 优势：目标用人单位 / 职位的要求是什么？在自己的能力素质列表中，将关键内容提取出来。

· 对标：目标用人单位 / 职位是否是你感兴趣的？对标自己与雇主的使命、愿景，强调事业上的合作可能与共赢前景。

· 推荐人：如果有实习或是志愿者等服务经历，可以在获得直接上级或职业导师允许的情况下，留下他们的联系方式，方便 HR 直接联系职业人士了解求职者的情况。

· 诉求：不卑不亢地表达对进入下一环节的期望。

综上，一封求职信应该包括自我介绍、职业兴趣及目标用人单位的对标、能力素质及与目标职位任职要求的对标、求职动机、推荐人、联系方式等。作为一篇职场公文，细节决定成败，务必确保：

· 不要写错雇主名称；

· 风格简练、专业，却充满感情色彩，彰显个人魅力；

· 别问薪酬，别谈钱；

· 留下正确且与简历一致的联系方式；

· 手写签名，以示尊重。

下面是一封英文求职信示例：

Alice Xin Chen
655 West Irving Park
Markham, ON L6X E4C
+1 647 706 3462
Alice.chenxin@gmail.com

联系方式

September 15th, 2018
Mr. John Doe, Director of Human Resources
Xfile Company Intl.
111 North York Ave
Toronto

信息来源、职位

专业背景优势

Dear Mr. Doe,

I am interested in responding to your September 14th, 2018 advertisement in the Sun-Times for a Pharmaceutical Sales Representative.

Your ad indicates that you are looking for a self-motivated and highly energetic college graduate with good communication skills and an interest in science. As you can see from the enclosed resume, I graduated from the University of York in June 2018 with a bachelor's degree in biology and a GPA of 3.5/4.0 in my major.

实习经验优势

Throughout my college career, I worked in retail sales positions in order to support myself and pay for my college tuition. As an assistant sales manager at The Gap, I consistently met and exceeded my sales goals and was often recruited to train new sales associates. As one young customer commented, 'I wish all of the salespeople here were more like you. You are always so helpful!'

求职动机意愿

At this point of my career, I would like to combine my acumen for sales with my scientific interest and knowledge. I am aware that your company has many outstanding products in the pharmaceutical industry and I am confident that I could represent your organization effectively.

Thank you for your time and consideration. I look forward to hearing from you.

Sincerely,

Alice Xin Chen

手写签名

Alice Xin Chen

Enclosure

附件：简历

生活照

除简历照片外，部分用人单位会额外要求随同简历、求职信上传生活照。笔者第一次意识到生活照是个重灾区，大约是在十年前的校园招聘中。笔者当时所在的企业突发奇想，要求应聘大学生上传生活照。如果只看简历中附的证件照，男生、女生莫不是正装加身，配以职业化的微笑，俨然是一位位志得意满的成功人士。然而，当打开有些同学的"生活照"时，画风惊奇者不在少数——

有时候，HR 需要从几个人里努力猜测哪个才是求职者，男女朋友两个人这种难度系数还不在话下，整个宿舍全体出动那种真的是让 HR 觉得好难；

有时候，HR 根本看不到求职者的模样，并不是因为照片失真、像素太低，而是总有各种干扰因素，从三寸长的刘海儿，到口罩、墨镜，再到各种俯仰生姿的角度，完全让人不识庐山真面目；

还有的时候，HR 打开某个女博士的照片，出现的是一张温馨甜蜜的全家福，女博士怀中赫然抱着小娃娃，其中的意思 HR 你不至于 get 不到吧！

生活照从一个侧面暴露了求职者的几种心态：不知所措，不知道上传什么样的生活照；叛逆，HR 想以貌取人我偏不让他们得逞；放飞自我，管他什么目的随便放一张交差就好……

职场处处有其规则、礼仪，而所有的这些都围绕着一个词——尊重。既是用人单位对求职者的尊重，愿意花时间精力了解求职者更生活化、更接近本我的一面；也理应受到求职者对用人单位的积极响应，借此机会展示个人魅力，传达符合职业期许的人设形象；更是双方对职业的共识达成——只有真诚、平等、尊重规矩、信守规则地对待别人、对待机遇，才能够积累名誉和人脉，奠定成功的基石。

好吧，准备生活照的碎碎念：

· 一致的外貌。在美颜、滤镜盛行的当下，提醒各位颜控求职者：颜值要经得住考验，美化得不像本人的生活照其实没什么意义。

· 不要C位，要主咖。谁找工作就照谁，不要绿叶，只要主咖！求职者家庭和谐、生活幸福固然值得宣扬，但是，在申请环节，HR就只看主咖。

· 亮相，亮相，亮相，重要的事情说三遍。Pose（姿势）是否炫酷不重要，关键是露出整张脸，体态要挺拔健康，衣冠要整洁大方。HR看的是气场，是气质，是靠谱不靠谱。

· 明快的画风。画风明快不难，首先像素、光线要正常，其次环境要能衬托求职者的气场气质，比如风光优美游客少的自然风光、书香弥漫的图书馆、职业干练的实习工作场景都是不错的选择。

☆本章小结☆

本章是实用性、操作性较强的一章。为了更好地输出职业人设，在求职全程要做很多功课，而简历仅仅是冰山一角。在海平面以下那不为人知的幕后，求职者要更系统地整理职业规划与目标、能力素质列表与案例库、企业分析、求职记录与复盘，“向后看”的同时不忘“向前看”，完成一个丰富的求职文案系统。在此基础上，有的放矢地输出客户化的简历、求职信、生活照等核心产品及周边。

同时，通过不断完善的求职文案系统，求职者会逐渐得到如下启示：与“写简历”相比较，更重要的是全面认识自己；与“打造职业形象”相比较，更重要的是端正职场人设与求职态度；与“找到工作”相比较，更重要的是遵守换位思考、互相尊重的职场法则。

What is the Mystery of Recruitment Written Test?

第四章　初探笔试

本章聚焦：

- 常见的笔试套路
- 笔试应对秘籍

获得笔试邀请？太棒了，于千军万马中杀过“简历筛选”的第一关极为不易！然而，伴随着好消息，更严苛的挑战——笔试即将到来。笔试的形式虽说为求职者所熟悉，却因为考察内容的千变万化让人感到难以把控。心理测评、职业兴趣、行政能力、专业知识……本着筛选出综合能力素质、匹配性双高的求职者，测评专家开发了多角度、多元化的测评产品。面对这些令人应接不暇的测评手段，与其押题、刷笔经，不如熟悉套路、见招拆招，才好趋利避害，顺利通关。

第 1 话

笔试类型·笔试有啥常见套路

What is Written Test?

从笔试开始，招聘工作的成本开始与候选人规模直接相关了，HR 要采购测评工具、租用场地 / 网络系统、配置人力物力、与求职者保持沟通等，这些都是按“人头”收费的，因此 HR 会限制参加笔试的候选人人数，同时设定固定的淘汰率以控制面试成本。从这个阶段开始，求职者要对“淘汰率”、“竞争激烈程度”做到心中有数。

当然，除了对候选人进行“shortlist”（人力资源专业英语词汇，指为了最终雇佣决定而筛选、缩短候选人名单），笔试更重要的目的在于，通过高效、科学测评手段选“准”候选人，以便将后续资源集中在这些人身上。为了提高“准确性”（测评的信度、效度），用人单位应用的测评手段愈加广泛、多元，有的甚至在网申时就植入了如职业气质性格、职业兴趣、动机、价值观测试等测评候选人“匹配性”、“风险系数”的测试（参照第一章第2话）。在本章中，“笔试”更多聚焦在现场或网络系统上专门组织的，以考察知识、能力为目的的测评工具。

知识导向的笔试题目

这类笔试考察的是知识性内容，尤其是在目标岗位上必备的基本专业知识、技能，如专业知识、外语水平、公务员行政能力测试里的时事政治。这类笔试的打法属于“靠积累，成学霸”，因此可以针对性地进行专项训练。举例来说，职业英语可以通过托业考试进行复习；财务会计类可以通过 CPA 考试、金融经济类可以通过 CFA 考试进行预热。

能力导向的笔试题目

公务员招考笔试中专门明确了对“行政能力”进行考察，一些企业的笔试，比如汇丰银行笔试中，能见到考察 Verbal（言语理解）和 Numerical（数量关系）的测评产品，微软公司常用到智力测试……这些其实都是一个套路——考察通用技能，即语言理解、数量关系、判断推理、资料分析、写作表达等通用技能。

然而，和知识导向型的笔试题目不同，语言理解、数量关系、判断推理、资料分析等通用技能是在既往学习生活中逐渐习得并成熟的，临阵磨枪并不可靠。因此，建议求职者可以通过样题熟悉套路，预测自身水平。特别要注意的，用英语进行的能力测试，可以通过刷题，熟悉语言环境提升题目解析速度，从而为解题留出更多时间，提高测评成绩。

行为导向的笔试题目

这类笔试题目一般以客观题的形式出现，依然是以考察通用技能为目的，但是会把通用技能落实在一些“行为锚”上，用“行为锚”作证据，去刻画被测评者的能力概况。著名的人才测评供应商SHL有一个产品叫“SHL岗位匹配度测试”，它是通过在全球范围内对不同岗位任职者进行取样，将所有工作都涉及的行为分为8大类、20子类以及112种具体行为。由于“能力”和“行为”之间存在着内生的对应关系（曾在第三章第1话的练习五中探讨过如何把“能力”具化为“行为”），SHL正是利用了这种关系，通过40道职业行为测试题，评价求职者综合能力及与应聘岗位的匹配程度。

任务导向的笔试题目

比能力更直接的就是“做任务”，最常见的就是公文写作。由于求职者在以往学习中接触比较多的文体是研究报告、论文等，而在职场中多见的是请示、汇报、通知、纪要、电子邮件、PPT等文体，写作逻辑、重点、格式不尽相同，需要大家提前准备，多看范文，多做练习。

任务导向型笔试还有一类题目是“工作样本”类测试，它从目标岗位的工作情境中抽取一个真实的任务样本片段，要求被测评者提出解决方案，通常会以完成效果和规范性作为考察依据。2005年微软亚洲工程院笔试中，有一道题“请为微波炉设计并实现相关功能”的题目，更为直观地考察候选人逻辑、编程、创新等能力。

第2话

如何应对笔试·以无招胜有招

How to Prepare for the Written Test?

笔试测评工具可谓层出不穷，为了让求职者面对各类测评都能实现较好的完成度，提供应变小贴士若干：

合理分配时间。时间资源非常宝贵，在笔试正式开始后，简要了解总体时间及时间安排，特别是有否分部计时的规则；其次，掌握题目类型及分值分布，在有限的时间内，集中火力投入分值高或是自己擅长的部分。

有的放矢准备。根据知识、能力、行为、任务四种不同导向的笔试分别准备，在这个过程中要把握“舍”与“得”——行为导向试题、智商测试等较难把握，刻意准备不如展现真实的自我，但专业知识、外语水平、公文写作等就可以重点投入，结合既往求职经验，选择合适的参考书、样题，进行熟悉、巩固、加强。

迅速分离关键信息。值得特别提示的是，在笔试中，一定要时刻通过题目解读用人单位的考察意图与核心内容，分离出关键的题目要求，切题作答。

适度发挥创意。在任务导向的笔试中，在给出标准常规答案的基础上，可以适度发挥创意，并将创意落实在具体的工作项目上。比如“微波炉”的题目，有些考生除了微波炉标配的加热、计时、不同火力等功能外还增加了人工智能等相关功能，实属锦上添花。

☆本章小结☆

“没有任何一个测量能实现完美的预测效果，但是如果你把不同类型的测评综合使用的话，就会额外得到比较好的效度，这样的话就更容易帮助企业选对人……美国的一个组织给出了职场成功的六种商数：第一种是智商，就是看看一个人成功智力怎么样，能否解决各类问题；第二个是技术和操作商数，这对一名候选人是否能走到公司的顶部非常重要；第三个是动机商数，如果你的动机不好的话，或者没有很大的动机是很难走到公司的顶部的；第四个是经验商数；第五个是人际沟通商数；还有学习灵活性商数。我们发现还是公司普通员工及中层管理者的时候，人际沟通商数是最重要的，但是如果成为管理团队不可或缺的角色后，最重要的是智商、人际关系能力及学习灵活度。”

——SHL 集团高级管理顾问 Andrew Geake

在人力资源专家不断努力下，不但各类测评的效度不断提高，而且经常组成同盟、联合出击。就拿公务员考试来说，行政能力测试和笔试就基本覆盖了智商、技术和操作商数、学习灵活性商数。有些企业也在网申、笔试、面试各个环节植入了动机商数、性格风险等各类测评。也就是说，现在的招聘笔试已经逐步呈现出流程、功能全覆盖的态势了。不过，在取得求职者完整职业画像方面，笔试在人际沟通商数、经验商数方面还无法做到尽善尽美。所以，别忘了，前方还有面试在等待着各位。

第五章　玩转面试

How to Perform Well in a Job Interview?

本章聚焦：

- 全面深入剖析目前流行的面试技术
- 面试问题攻略
- 备战策略及印象管理
- 面试全流程管理
- 成功案例剖析
- 备战练习汇总

面试，短至十几分钟，长则几十分钟，能说明什么？又有多少玄机？然而，面试是一门技术活儿，是凝聚智慧与勇气、沉稳与灵活的艺术，是用人单位和求职者“敌”、“我”双方的博弈：胜，可能是彼此长远的双赢；负，也许是双方永恒的擦肩而过。

不但如此，仿若围棋一般，面试之中，无论攻守，执黑可以筹谋，执白亦可破局，各具策略，寸土必争，可能步步惊心，亦可能图穷匕现。有人主张不必如此兴师动众，何必为了饭碗，搞得如此勾心斗角？然而，人生何处不面试，人生何时不营销？无处不江湖，处处皆面试。

第 1 话

关于套路・面试分几种

What are the Types of Job Interview?

面试是用人单位与求职者就招聘职位及任职资格进行沟通的流程，通常包括导语（开场白及面试目的）、求职者自我介绍、面试问答、求职者提问和结束语（后续安排及致谢）。说起面试的体验，则有些像在麦当劳吃快餐——无论你是在北京、上海、纽约、伦敦世界各地哪个分店里，大概能吃到什么、吃了什么感觉、吃了多少钱总还是基本相当、可以预计的。但是，不同的分店带来的感受却大相径庭，好比说英国温莎城堡分店可以让你和伊丽莎白女王共享一轮夕阳，而其他分店则没有这种待遇。从客观的因素来讲，面试的形式、结构、基本内容等是可控因素，可以尝试了解、竭力准备；而各种各样的不可控因素也同样存在，比如面试官风格、群面搭档等，这些难于控制，需要把握原则，灵活应变。

面试阵容上，从面试官与求职者配比的角度，大致有一对一、多对一、多对多这么几种形式；面试结构上，有结构化面试，就是大锅饭，用统一的面试题无差别对待所有求职者，还有非结构化面试，就是量身打造，专门针对个别求职者的；从轮回角度看，有初面、二面、三面、n 面、终面等；沟通媒介上，有现场面试、电话面试、网络视频面试；面试内容上看，有相“面”的，有相“材”的，有相“小动作”、“微表情”的，还有相“笔迹”的……

终极表现形式也因此丰富多样：有“僵尸面”，即一大波面试工具轮番来袭的“评价中心”；不整死人不罢休的“压力面试”；考验三观是否端正，性格有否隐忧的“价值观面试”……可谓种类繁多、不一而足！

既然选择那么多，人力资源部招聘经理在制定招聘策略、面试策略时，应该如何做出选择呢？

首要的考虑因素是招聘的职位、面试的目的和求职者的性质。除此之外，还要掂量掂量招这些人，值得花多少钱，占多少时间？角色换回，现在作为被面试者，大可以大胆推测——面试官会以怎样的方式与你相遇？招聘同质性较强的毕业生，结构化面试为横向、量化比较提供了更好的证据链条；对于选拔销售团队成员，群体面试通过真人 PK 提供了立见高下的集约手段；对于选定管理培训生，管理评价中心提供了评估综合实力的多元方法。面试之前，何不预估一下面试形式，以便见招拆招？

从学术角度再充一二，既然有这么多种面试形式、方法、工具、技术，到底哪一种才是最有效、最靠谱的呢？如果将对人才的预测效果精度确定为1的话，那么排名前三的是：评价中心（以晋升为目的为0.68；以绩效评估为目的为0.41）、案例分析（0.55）、非结构化面试（0.31）。简单总结一下，要么“大而全”，要么“小而精”。为了做到“知己知彼，百战不殆”，下面就来重点参详几种重要且流行的面试技术。

结构化面试

结构化面试是一种基于科学管理原理的面试技术，其全部要素都被逐一分解从而标准化了。就像肯德基、麦当劳制作汉堡的流程，从摆汉堡胚、煎鸡排、放蔬菜、挤酱料都有章可循、有量能究。标准化面试也是如此——怎么推进流程（程序）、问哪些问题（题库）、如何进行打分（标准）都是被提前确定好的。即使有效性并不理想，但是作为一种可对结果进行横向比较从而体现公平的传统面试技术，在当今的校园招聘中仍被广泛使用。

结构化面试是一种喜闻乐见的面试技术，有如下几个特点：

· 依据工作分析和胜任力模型开发题库，因此更重视组织与个人、岗位与个人的匹配度；

· 依据行为学理论建立评分系统，每一个测评要素都有规范的、可操作的评价标准，从而保证了面试官对求职者有统一的评价标准尺度，横向可比性及公平性大大提升；

· 面试官通过工作分析、胜任力模型、题库三者一一对应的关系，更容易了解问问题的意图，避免了主观上的归因错误，求职者能够得到更客观的评价，降低了出现偏见和不公平的可能性。

正是由于标准化、结构化，这种面试技术也成为最先与 AI（人工智能）结合从而实现电子化的面试技术。有些大型企业已经开始尝试在校园招聘中邀请学生参加人机交互面试——基于大数据，AI 会根据评分标准对求职者进行打分。如果你碰巧遇到了这个新生事物，你一定要知道将要发生什么：

- 内容与标准的匹配情况
- 回答方式的一致性

第一个不难理解，而对第二个“回答方式的一致性”的判断，AI通常有两种方法：一是计算回答每道问题的时间，标出反应速度、语速等明显高于平均水平的问题；二是设置检验性题目，即一个问题换一个说法再问一次，比较两次答案的一致性，标出表现不一致的问题。因此，除了对综合能力素质进行评估，AI的打分展现了对求职者的整体判断，特别是标出的异常问题展现了对求职者诚实度的判断。HR、招聘经理会根据这些提示，在现场面试的环节中重点追问（Probe）。

胜任力面试

不仅至少一半的世界500强，乃至世界范围内的商业企业、政府机构、NGO组织都在使用胜任力面试技术，并将这种技术用于筛选与招聘，如强生、可口可乐、丰田、英国石油、大众、惠普、IBM、美国银行、富国银行、美联储等。在这其中，有些企业使用胜任力面试技术已经超过30年。

首先，解决两个疑问：

1. 什么是胜任力？ 20世纪60年代后期，美国哈佛大学麦克利兰教授应邀帮助美国国务院选拔外交官。他发现仅以智力水平来筛选的话，许多表现优秀的人才，在实际工作中的表现却令人非常失望。于是，麦克利兰教授从“职位”入手，直接发掘那些能真正影响工作绩效的个人条件和行为特征，称为“胜任力”。胜任力在不同的用人单位中有不同的名字，如员工素质模型、综合能力素质、关键任职资格等，但万变不离其宗，职场锦鲤们身上的特质总和即为胜任力。显性的胜任力包括知识和技能，相对而言，自我概念（价值观、态度等）、动机和特质是更隐性的，位于人格结构的更深层次，仿佛水面下的冰山，即所谓“潜能”。在面试过程中，显性的知识技能容易测评，而潜能就必须借助特定的技术手段。

2. 什么是胜任力面试技术？胜任力面试技术的雏形是行为面试，即通过求职者的既往行为预测他的未来行为。当用人单位确定了胜任力模型后，在设计行为面试的题目时，指向性更强——仅需关注与胜任力相关的既往行为，就可以帮助面试官判断求职者是否“匹配”。胜任力面试也有不同的名字，如“目的性筛选面试（Targeted Selection Interview）”、“以证据为基础的面试（Evidence-based Interview）”。胜任力面试可能是针对每一个胜任力设计问题单独评估（比如咨询公司 Development Dimensions Inc. 开发的目的性筛选面试），也可能通过一个或几个线索性问题铺陈开来进行针对于能力点的追问（Louis Adler 公司的“唯一问题”面试）。综上，胜任力面试技术是通过行为性问题，评估求职者胜任力水平的面试。

例 1：强生公司胜任力面试

强生公司曾经领衔世界500强，使用胜任力面试技术超过20年。公司人力资源管理部门为高管团队专门编制了《校园招聘胜任力面试导览》。强生公司战略人才管理部副总监苏珊·米拉德（Susan

Millard）指出：“基于职位－胜任力预测职业成功，是因为它能有效预测员工未来绩效以及确保他们能够高标准、严要求地看待、执行职业规范，这确保了强生能够通过优秀人才促进组织与文化的发展。”强生公司在全球校园招聘中使用《基于胜任力的全球领导力模型面试纲要》（以下简称《面试纲要》），以锁定符合胜任力、具备领导力的关键人才。

《面试纲要》包括：面试前，面试官需要进行的准备工作、如何通过阅读简历了解求职者背景；面试中，如何推进面试流程、如何针对每一项胜任力要素进行行为问题提问；面试后，如何根据求职者的胜任力和沟通技巧进行打分。

从中，截取了一个胜任力要素——“结果和绩效导向”作为示例。“结果和绩效导向”是各用人单位都十分重视的通用技能，在其他企业，它可能还被称作“成果导向”、“结果驱动”、“绩效偏好”、“目标达成”……

结果和绩效导向	关键例证	
★目标导向	零失误完成任务	保持自我，坦诚汇报，以任务和项目为中心不间断地工作，不抱怨，服从改变
★遇到困难百折不挠		
★鼓励他人履行职责、付诸行动	接受张力目标	（张力目标是指难以达成，需要努力与创造力来实现的目标）积极应对张力目标，量化阶段性成果
★坚持不懈地追求并履行优质的客户服务		
★创造性思考	以顾客为中心	一切决策以顾客为中心，站在顾客立场敦促他人达成顾客期望

推荐的行为问题：
1.描述一个你发挥了特别作用并有效达成目标的事例，你采取了哪些步骤以达成想要的结果？
2.有没有总能超出领导或客户预期的经历？你是如何做到的？
3.有没有经历过困难重重的项目/任务？可曾成功克服这此困难？你是如何做到的？
4.工作中，你是如何获取客户信息并凭此提升服务水平的？
5.我们把那些充满挑战，需要努力与创造力才能实现的目标称为“张力目标”。你给自己设置过张力目标吗？你实现了吗？你是如何实现的？

情境/任务	行动	结果

沟通技能打分：　　　　打分：

例 2：唯一问题面试

另外一种比较流行的胜任力面试技术是“唯一问题面试”。它始于一道问题并不断追问，以收集关于胜任力要素的例证。Adler Concept 公司在美国人力资源市场上就主推这种技术产品，他们建议雇主以唯一问题开始面试——“请思考你人生中最大的成就是什么？”，然后进行挖掘性追问（Probe）。Probe 这个词是“探针”的意思，面试官会像手持“探针”一样，当触及胜任力相关的敏感信息时，面试官就会不断深挖猛料。

题库如下：

· 请完整描述工作 / 实习 / 学生工作 / 志愿活动中获得的最大成就。

· 请具体描述你取得的成果。可以列数字、举例子，也可以说说对你产生的影响、促成的变化……

· 这个成就对所在组织的重要性是什么？

· 为什么你被选中参与这项工作？

· 在过程中遇到的 3~4 项最大的困难是什么？你是如何应对的？

· 举几个你在工作中发挥领导力和主动性的例子。

· 你做了哪几项主要决策？

· 列举你手中具备的资源。

· 你是如何争取更多资源的？

· 你为实现目标使用了哪些技术手段？

· 有否搭档或其他团队成员，相互之间的汇报关系是怎样的？

· 你在其中犯的最大错误是什么？

· 你在这其中的成长和改变是什么？

- 如果重来一遍，哪些需要改变？
- 你在过程中最享受的是什么？
- 你不太在乎的是什么？
- 你在制定和实施预算过程中有什么心得？
- 项目进展与预期计划有哪些偏离？
- 你是如何激励和影响其他小伙伴的？
- 有没有和其他小伙伴产生过矛盾？如何化解这些矛盾？
- 你认为取得成就要归功于什么？

两种胜任力面试技术启示大家在进行求职文案系统的构建以及面试准备的过程中，准备案例一定要落实在行为描述上。此外，应该更深入、透彻地准备1~2个关键事例，经得起推敲和追问。

最后，对于胜任力面试，特别需要铭记的是：

- 提供发生过的事例；
- 注意对行动、行为进行描述；
- 行为要能反映某一项胜任力要素。

管理评价中心

胜任力面试技术起源于选拔外交人才，而管理评价中心起源于“二战”时选拔军事将领，后来逐渐被全球各类企业应用于选拔中高层领导者。近年来，国内企业在以“接班人计划”为目的招聘管理培训生或其他核心职位时，也热衷于使用这种综合的面试技术。“评价中心”这个词描述得并不那么到位，这种面试更像一个“组合”，包揽了一系列测试、活动、情境练习的测评工具。可以想见，它费时费力，短则几个小时，长则两三天，面试官小组人数可观，还要花时间培训面试官的技巧及配合。然而，很多企业仍然在校园招聘中乐此不疲地使用着，其重要原因就在于它通过营造一个“类职场”环境，组合各种面试技术的搭配，稳、准、狠地考察胜任力，在提高效度效率的同时，能为企业筛选出有潜力、能战斗、高匹配、适合组织发展需要的人才。

举例：某汽车行业客服中心的校园招聘，在面试环节组织了管理评价中心，主要包含以下2种测评技术：

① 角色扮演：扮演客服，通过接听电话处理女车主购买汽车漏油事件的维权投诉。

② 文件筐：处理来自领导、同事、下属大量邮件，提炼管理问题，拟订提升客户满意度的分步计划。

管理评价中心中常用的面试技术多种多样，细表如下：

· **文件筐**，也叫“管理文件筐”，考验的是求职者“日理万机”的能力。其中，“日理”是有固定的时间，“万机”意味着大量纷繁复杂的文件，它们可能是政府或行政部门的政策性红头文件、公司的规章制度、行业/课题研究报告、与公司相关的舆情、财务报表、人事任免通知、会议通知、同事间往来的E-mail、下级请示、客户反馈投诉、供应商函电等与拟招聘岗位相关的工作文件。它们被一揽子丢给求职者去浏览以分清主次，去研究以应对提问，去反馈以给出解决方案。具体来说，求职者要做的就是针对某一个工作任务

（如撰写报告、提出方案、准备会议、回复email等），梳理资料、寻找证据、沟通有无、快速反应、提出计划、做出决策。因此，这项技术主要考察综合办公能力，特别是压力环境（时间紧迫、资料众多）下的决策能力。

· **角色扮演**，这是管理评价中心里最常见的面试技术，可能是与HR或招聘经理一对一进行的，也可能呈现为团队管理游戏。角色扮演通常是在压力环境下进行的，面试官可能会扮演各种角色向求职者发难，以观察求职者能否不断调整状态，轻松、自信地完成任务，能否拿捏角色、坚持倾听、稳健反应。举例来讲，在一个IT项目小组的类职场环境下，要求求职者扮演小组组长。面试官首先扮演组员，要求组长对他进行工作培训；然后面试官转换身份，扮演另一个项目组组长，要求抽调求职者的核心组员配合他的团队工作；最后面试官扮演人力资源经理，私下拜托在招聘中录取他的小师弟……通过与不同角色的沟通考验，考察求职者价值观和多方面的工作能力。

· **测评及心理测评**，管理评价中心中也会组合笔试，比如专业知识、技术水平、言语理解、逻辑推理、数量关系等测试，当然，还有气质、性格、价值观等测评。这些测评为管理评价中心提供定量依据，以支持面试官小组的定性判断。

· **演讲**，是管理评价中心的另一种常见技术，要求求职者进行个人演讲，或是与小组成员共同进行工作汇报。在备战演讲时，可进行“三分钟营销”（Elevator Pitch）的练习。这种练习的缘起十分有趣——美国大企业CEO通常都在集团总部大楼最高层办公，话说当年写字楼由一层到达最高层，乘坐电梯的平均时间是3分钟，试想一名管理者想方设法到日理万机的CEO跟前汇报工作，CEO能给他的时间就只有电梯里的这三分钟，他要从何说起？同理，管理评价中心的演讲评价的不仅是严谨的逻辑、动人的说辞，而且是直击核心的效率，入木三分的表达和引人兴趣的煽动性。

· **管理游戏**，是管理评价中心专门评估沟通和团队合作能力的面试技术，要求求职者组合成团队，通过游戏活动完成一个共同的目标。2004年，思科中国公司在招聘销售管理培训生时，管理评价中心使用的技术就是管理游戏。面试官要求4个小组（每组6人）在30分钟内利用数张白纸搭起一个高塔，唯高者胜。2005年，壳牌石油管理评价中心的管理游戏，则要求一个小组4名组员分别扮演财务总监、事务部经理、人事总监、项目总监，把持不同资源，掌握不同底线，共同商议新炼油厂的选址。在研讨决策过程中，面试官小组还会不断抛出人力资源成本、运输交通、环境政策等几个突发变量，要求限时决策，并向公司董事会汇报选址方案。

多轮混战的管理评价中心往往让求职者感到身心俱疲，然而，这就是真实职场的情境模拟。胜出的求职者往往体现出更好的适应性及更强的工作能力，他们在未来工作岗位上的培训成本更低、潜力更大，这也解释了为什么用人单位愿意投入精力成本应用管理评价中心技术。

人生经历面试

美国西北大学的麦克亚当教授（Dan P. McAdams）是这样介绍“人生经历面试”的缘起的：“从定性或定量研究成人个体的人生经历故事是心理学和社会学新的分支领域，针对人生经历的叙述和行为描述进行研究有诸多用途，其中最重要的就是人生经历面试技术。”越来越多的雇主开始使用并重视这种新锐的面试技术，比如美国西北大学、世界头号对冲基金桥水公司等。

人生经历面试并非无目的地听取求职者全部的人生经历，而是通过面试官选择性地发问，去探索求职者人生中的关键场景、人物性格和“三观”，尤其是人生经历促成的对未来生活的展望。通过这些，面试官会判断求职者的方法论、价值观、自我认知以及是否“匹配”。

举例：一位笔试成绩优异、非结构化面试中对答如流的女同学范如，在某公司碰到了一道人生经历面试题——“请讲讲你童年生活中印象最深的一个片段”。

范如：“我去年回老家专程去看了小时候住过的房子，因为小区马上就要拆迁了，楼房已经拆得七零八落。当我回到小时候住过的单元时，虽然到处破败不堪，但是意外地发现了墙上还遗留着爸爸当年记录我身高而画下的量表，往事涌上心头，不禁热泪盈眶……”

听完回答，无论回答是否切题，HR敏锐地发现范如“念旧、多愁善感”，推测她情绪较为敏感，于是决定针对性地追问“情绪控制”方面的问题：“上大学住集体宿舍有没有发生过不开心的事？”

范如：“是有过的，我们宿舍4名同学生活习惯和性格都很难融合，发生过不愉快和争吵，后来我干脆回家躲清静了。”

这马上引起了HR的关注，因为历史总是不断重演的，每个成年人总是本性难移的，通过求职者场景化的描述可以推断其行为模式、动机、价值观和自我控制能力。为了验证自己的推测，HR询问了其他工作人员范如的表现，果然发现，因不愿意调换时间，范如与其他求职者产生了激烈的口角，可见她在正式场合下控制情绪的能力堪忧。

一个完整的人生经历面试大概需要40分钟，问题是围绕着求职者展开的，面试官会鼓励求职者假想正在编写自传，自传的目录中需要有2~7个章节和主题。

第一步，面试官请求职者简述章节和主题，每个章节都应该有一个关键事件，这件事可以是好的 / 坏的 / 积极的 / 消极的 / 重要的 / 难忘的。描述这件事时，需要介绍时间、地点、人物、起因、经过、结果，此外，还有求职者的想法和感受，比如“这件事是如何改变你的？”

第二步，探讨八个关键事件：1. 人生高潮；2. 人生低谷；3. 生活 / 工作的转捩点；4. 积极的童年回忆；5. 消极的童年回忆；6. 成年后最有意义的经历；7. 运用智慧获得成功的经历；8. 参加过的庄严神圣的仪式及感觉心灵被升华的那一刻。

第三步，谈谈将来，如梦想 / 希望 / 计划是什么，有没有特别要完成的事，比如某项爱好。

第四步，谈谈挑战，回想人生经历中曾面对过的挑战、纠结、困难，可以是：生活中的困难，比如家境贫寒、父母重男轻女、遭受校园暴力、复读等；身体健康问题，包括自己与家人曾经面对过的健康问题，以及如何解决问题；“爱别离”的挑战，失去的亲人、朋友以及他们对自己的影响；失败的挑战，比如经历的最痛心棘手的失败或是追悔莫及的事情，如高考、信任、友谊等相关话题。

第五步，探讨价值观，包括政治信仰、社会价值观、职业信条等。

最后，谈谈此次回顾人生经历的面试带给了求职者怎样的感受，启发了哪些新的观点？

一次人生经历面试好像个人往事的巡游，可以充分反映一个人成长过程中的主、客观环境，探讨“你如何成为今天的你”。HR通过这些信息，将对求职者能力、价值观、动机、自我意识等方面进行评估。在目前的招聘面试中，部分用人单位开始尝试性或部分性地使用该技术。因此，求职者也可以按图索骥，通过冥想或与亲友讨论的方式回顾、总结，充分地熟悉这个技术，更好地认识自己。

压力面试

压力面试是一种拟境面试技术，毕竟职场压力无处不在。在针对初级职位的招聘中，用人单位使用压力面试通常有两个原因。一是，招聘岗位是高压力属性，试想客服人员、销售、医生、警察、保险理赔专员、秘书、员工关系管理者、交通控制协调员等，他们在工作中应对来自内外部客户的压力简直就是家常便饭，没有强大的心理承受能力还真干不了。另外一个原因，就是组织发育周期或外部竞争环境对员工的需要，比如近期刘强东在解释对“996”工作制充满执念地谈道：

“刚开始做电商的时候，每一分钱都要省着用，舍不得租房子，就睡在办公室整整四年！每天工作到半夜就在办公室地板上铺上一个席子、裤子、床单和一个枕头、被子！然后把老式闹钟放在耳朵边的木地板上！四年的时间，从来没有连续睡眠两个小时以上的！因为那时我是公司的一号客服，负责论坛里边的投诉！为了保证24小时服务，我把闹钟设定为2小时后响铃！只要闹钟一响，感觉就像地震，整个木地板都在震响！再困也会被吵醒！于是起床回复客户的问题或者给出解决方案，然后再把闹钟设置为2小时后响铃，再睡……那个时候兄弟们也很拼，于是硬生生在上千家电商公司里边一路杀了出来，活到了今天！”

2008年全球金融危机和2011年亚洲金融危机期间，跟国际金融市场高相关的金融企业安排了员工轮岗，以确保7×24小时连续应对危机。正是由于行业、企业、职业本身的不确定性，加之员工个人原因对工作的扰动，令用人单位特别期望员工能具备较好的心理素质、忠诚的职业追求、坚韧的工作态度和灵活的应变能力。这也是为什么尽管学界对“压力面试”存疑，特别是对初级选手的应用预测度并不理想的情况下，很多用人单位依然我行我素，对压力面试情有独钟。

压力面试可能是这样进行的：面试官通过提出生硬的、不礼貌的问题故意使求职者感到不舒服；针对某一事项或问题做一连串的发问，打破砂锅问到底；不问问题，瞪着眼睛等求职者说；在求职者努力保持平静回答问题的过程中多次打断，强制转变思路甚至话题；面试官甚至接电话、操作笔记本、吃东西……

下一节将谈到面试问题的提问方式，压力面试就经常通过变化提问方式、加重语气、配合肢体语言以营造压力环境。例如，在普通的结构化面试中，面试官开场问题通常是：“请做一个三分钟的自我介绍”；而在压力面试中，面试官可能是把简历往桌上一扔，双手往胸前一叉，语气生硬地说：“来，说说吧，我们为什么要找一个

大学生做秘书 / 工程师 / 客服的工作？”

在这个让求职者感到郁闷、怯懦、不知所措、气愤的环境下，应该如何应对呢？

记住这只是个游戏，别掉进陷阱。面试官并不了解求职者，也谈不上深层次的好恶。即使感受到了对方的“恶意”，求职者也尽量不要表现出郁闷、怯懦、气愤、不耐烦的情绪。如果绷不住，面试官立刻就会在评语里给求职者贴上“情绪化”、“不成熟”的标签，所以，别让他们如愿。

· **保持冷静，面带微笑**（Keep Calm and Smile to Their Eyes）。感到紧张和压力时可以深呼吸三次，保持与面试官的目光接触和微笑，传达出开放、松弛的姿态。

· **节奏过快时给出简短明确的答案**。当面试官频繁地切换问题，可以这样解读——重点不是求职者回答了什么，而是如何回答。所以可将对内容的关注调整到对语气、节奏、态度的关注上。对问题给出最直接、简短的答案，如果有机会再展开解释论证，以防中间被打断无法完成全部表述。

· **运用自主沟通技巧**（Assertive Communication），学会有技巧地说“不”，别有心理负担；多从“我”的角度表达感受；不必多纠结过去，多多“向前看”；清楚表达期望；职业化沟通；适当认怂，有话直说。

举例：某台求职节目中，面试官对求职者进行了压力面试。情境设置为总经理外出并授权求职者分配及督办工作进展，而面试官扮演一个难缠的老员工。

“老员工”不停地质疑为什么是年轻员工出面分配工作、为什么总经理出行安排事先并不知情，明确表现出不配合与情绪化。而求职者的表现还是可圈可点的，他先亮出了自己的角色——“我只是个传话的”，而后简单解释了“总经理有急事外出，事急从权，工作任务由他来安排。”然后，他适当安慰了老员工：“有情绪可以理解，但最好把精力放到工作中，情绪归情绪，工作还是要做的。”态度不卑不亢，语速不急不缓，算是上乘表现。

优点：

· 语速、语气和态度表现得很从容；

· 给出扼要答案“我只是传话的”、“情绪归情绪，工作还是要做的”。

优加策略：

· 总经理日程变更非常正常，对工作自有安排，咱们没必要过分探究原因，这几天做好分内工作就是万事大吉（勇于说“不”、向前看）；

· 我理解您的感受，请您多多配合（多用“我”来表述）；

· 稍后会发出抄送总经理的邮件，汇报工作任务的安排与进展，但是在发送之前，我想事先与您当面沟通好（职业化沟通）；

· 您看我比您年轻不少，您可别为难我，咱们不都是为了工作嘛，还指望您给我们年轻人起表率作用呢（适当认怂，有话直说）。

综上，遇到压力面试或是在面试过程中遇到类似压力测试的问题，不要紧张，这一节的内容就是你绝地反击的底气。值得注意的是，就像文艺作品来源于生活而高于生活，压力面试来源于工作而贯穿于工作始终，希望这一节的内容能帮助求职者在遭遇未来的职场困局时，能够厘清思路、采取对策。掌握压力面试的应对技巧，并不是教大家讨巧，而是在更多元的职场场景中，学会如何站在组织整体、领导和同事的角度，开展工作、坚守原则、有效沟通、合作共赢。

第 2 话

关于 Question · 面试都问什么

What are Job Interview Questions?

对于用人单位的 HR 来说，面试主要有两个目的：

甄别千里马：根据员工胜任力 / 综合能力素质模型，鉴别出与组织“匹配”且具备关键胜任力、潜力的求职者，以期成为高绩效践行者。

挑出“刺头”：鉴别出高风险个体，如气质 / 性格 / 价值观不符合主流，或不符合用人单位预期的、动机不纯的以及具有其他管理问题的。这个个体并不一定是指不符合胜任力模型的个体，往往最令用人单位头疼的就是那些能力强却不发挥、绩效好却不服管的个体。因此，剔除高风险个体才是对 HR 真正的挑战。

有诉求就有解决方法，相应地，面试问题可被大体分作两类：一类是辨优才的，比如基于胜任力的行为性问题、人生 / 价值观问题等；另一类是挑“咸鱼”的，比如压力性问题（毕竟压力环境下暴露出的问题更多）、人生 / 价值观问题等。

提问内容

前面提到了这么多的面试技术、套路、目的，那么面试官会问什么问题呢？当然，在面试中，对专业知识技能的考察必不可少，但面试官还有一项重要的使命必须完成，那就是评判眼前的求职者能否与职场对接，与岗位匹配，顺利过渡成为优质劳动力。那么，HR 在面试中至少要寻求四大疑问的答案。

思考——求职者能否：

- 快速有效地解决挑战性问题
- 学习并应用与工作相关的新知识
- 成长为公司长期战略合作伙伴

计划——求职者能否：

- 进行高效的时间安排以确保工作项目按时推进并完成
- 能够同时应付多项指令并顺利完成任务
- 通过分析准确判断形势、完成任务
- 令行禁止

交流——求职者能否：

- 在办公环境中与同事友好相处
- 高效应对客户需要
- 真诚支持同事并能考虑他人的需要

- 心态开放，乐于与同事交流
- 帮助并与同事共同进步
- 表现出一定的领导能力
- 低调地劝说别人

动机——求职者能否：

- 守时并保证出勤
- 经常提出创造性建议去改进工作
- 乐于接受适度的加班
- 乐于付出更多的努力把工作做得更好
- 能接受经常性的突发改变并灵活应对
- 能在实际行动上支持公司各项决定

不同于对有丰富工作经验的求职者以“经验”为中心的考察，用人单位对于初级选手的关注是围绕“转化率”展开的，即能否将学习、短期工作和生活中培养的潜能“转化”为“匹配”的能力要素，激发职业化行为。举例来说，面试官就求职者的志愿者经验进行追问，是为了评估其中的关键行为能否“转化”为职业化行为，因此，他们会关心并追问：

- 遇到最棘手的困难是什么？是如何解决的？
- 举例说明如何策划一次志愿者活动？需要考虑哪些要素？时间表

是怎么安排的？

· 一旦出现突发事件，致使时间表上的安排不能顺利推进怎么办？

· 如何在活动中同时处理好来自不同群体的诉求，比如主管老师、团队成员、服务对象等？

· 当团队成员不赞成你的提议时，如何说服他们？

· 志愿者活动有哪些启示与收获？

· 在活动中有没有提出过创造性建议？它们产生了怎样的效果？

· 当发现时间表不能如期完成时该怎么办？

一旦将面试官核心关注点尽在掌握，任何面试就都成了开卷考试，题库、面经也自然失去了存在的意义——只需要记住，面试官要考察的是一个职场人的全面能力与素质。基于这个出发点，求职者要做的无非就是全面整理自身知识、能力、技术与经历，并尝试对接到职场规则中，将它们转化为展示职业能力素养的有力证据。

提问方式

这个部分是解决面试官“怎么问”问题的（How）——提问方式不同，期望得到的答案重点也不同。举个生活小例子诠释一下（脑补一下用天津话完成以下对话）：

和朋友下馆子时，可以问“想吃嘛儿？”，这是征询对方要不要一起吃饭的意思；也可以问“吃嘛儿好？”，这是在询问对方有没有什么偏好和执念，是荤的还是素的，饺子还是火锅；还可以问“嘛儿好吃？”，这是更深层次的探讨了，需要大家搜罗网红饭馆儿，浏览必点菜肴。在此，提醒求职者关注面试问题的提出方式，正确解读面试官意图，顺势而为，抛出符合他们预期的答案，提高沟通效能，避免答非所问。

“关于”的问题

此类问题关注的是“求职者”本身，是他们的观点、角度与格局。这种题目看上去十分平常、千篇一律，但是在结构化面试中，这种问题若是答得好，也是很出彩的。

例1：关于中美贸易战，结合你的专业谈谈看法。

例2：去年公司遇到了员工泄密事件，有人将关键技术透露给了我们的竞争对手，对于这样的危机你怎么看？如果是你的下属造成泄密，你该怎么办？

“提建议”的问题

此类问题往往醉翁之意不在酒，目的之一是探索求职者的真实想法，目的之二是呼唤求职者发挥创造性。因此答案通常没有对或错，需要求职者根据专业技能、既往经验，发挥创造力。

例1：如果你是我（HR）的话，需要帮助一名刚工作的大学生在入职的90天内尽快适应环境、展现才能，你会怎么做？

例2：有没有替代所谓“996”工作制更好的方案？

“举例子”的问题

此类问题通常是这样问的：“你能否举个例子……”、“有没有经历过……”、“分享一下人生中……的时刻”、“描述一次经历，你……”。一听到这样的提问，就要反应过来面试官手中拿的面试指导是基于胜任力的面试技术。为了获取充分、有效的信息，防止求职者编造和夸大，面试官还会不遗余力地Probe（探索）和Verify（验证）。这种方式更为喜闻乐见的形式就是类似《非常了得》那种综艺节目，通过追问受访者细节，不断探索纰漏，揪住不放，继续挖掘，去伪存真。不同的是，HR不仅要判断“真”和“假”，还要判断“匹配”还是“不匹配”。

因此，面试官不会止步于例子，会继续三件事——探索、施压和反省，比如：

面试官：你是个乐观的人吗？能不能举个真实的例子？

求职者：我很乐观啊，我被三个男朋友抛弃了，可是还是相信爱情啊！

面试官：那他们为什么抛弃你啊？

求职者：他们嫌我眼睛小。

面试官：那你觉得大眼睛好看，还是小眼睛漂亮呢？

求职者：我觉得无所谓，脸上又不是只长眼睛。

面试官：那眼睛小是否就是借口呢？你觉得你在处理感情方面有什么做得不好的吗？

求职者：也许吧，我可能还不太温柔。

面试官：那你做什么了让他们觉得你不温柔？

求职者：我有压力时总是爱对他们发脾气或是干脆不理人。

面试官：如果给你一个机会重来一次，你最想挽回的话或者做的事是什么？

求职者：我觉得应该多换位思考，少任性、多体谅。

分析一下：

关于“探索”的提问——“那你做什么了让他们觉得你不温柔？”、“那眼睛小是否就是借口呢？你觉得你在处理感情方面有什么做得不好的吗？”

关于“施压”的提问——“那他们为什么抛弃你啊？”

关于“反省”的提问——“如果给你一个机会重来一次，你最想挽回的话或者做的事是什么？”

这里需要注意的是，在回答关于“探索”的提问时，切勿给自己挖坑，比如案例中的求职者就掉进了“不温柔”的陷阱里；回答关于“施压”的提问，给出合理的原因和解释，同时保持镇定；回答关于“反省”的提问要给出明确的态度以及可行性的解决方案。

“上星”面试问题解决方案

面试问题无所不包、无奇不有、不计其数。如果一意孤行，非要穷其所有，也不过是在题海中“取一瓢饮”，画出了一个“已知”的小圆圈。比起瞭望小圆圈外无穷无尽的题海，还不如在“已知”内画一个更小的圈，把注意力聚焦在那些因为难度、热度、频度、敏感度而“上星”的面试题中。刨除那些已经深究过的职业兴趣、目标、价值观、动机，刨除那些无法预料的专业知识技能，下面要做的，就是要重点圈出“能力素质”面试题，将它们分析透彻，并提出解决方案，以便于举一反三，以“小技巧”激发求职者更多的“大智慧”。

关于“你”的问题

人一生中销售的唯一商品，就是他自己。

——乔·吉拉德

正像世界上最伟大的销售员吉拉德说的，如果把带着目的的沟通都看成“面试”的话，求职者要以“销售自己”为首要目的。循着这个逻辑，“下面，请介绍一下你自己（So, tell me about yourself）”这道题就成了所有面试题的祖宗。还记得第三章第1话面试复盘的案例吗？30分钟的面试，面试官就只提了这一个问题。在面试前，相信每个求职者都会花时间准备这道必考题。可以说，这是一道最容易准备的面试题，不就是自报家门吗？姓甚名谁、教育背景、实习经历、奖励荣誉、性格爱好、职业目标，就是概述简历呗，这是送分题呀！然而，坦率地讲，用概述简历的方式去答这道题，无疑是在浪费彼此的时间，面试官想听的不是手里拿着的简历，而是别的东西：

· 最强的专业技能

· 最精的专业知识

· 最棒的性格优势

· 最出色的经历

· 最主要的成就

与此同时，面试官还会根据语言和非语言线索判断求职者：

- 够不够聪明？
- 够不够热切？
- 够不够自信？
- 够不够独特？

要在规定时间完成这么多高质量动作，这到底是“送分题”还是“送命题”呢？因此，建议大家一定要在面试前制定好战略战术，同时针对用人单位与应聘岗位的需要，汇集优势，把自己打造成那个最“匹配”的“宝藏男孩/女孩”。

例1：大学生刘新正在用英语面试一个销售类的初级岗位。

I've always been able to get along with different types of people. I think it's because I am a good talker and an even better listener.

（我总是能和不同的人相处得很好，这应该归功于我很会聊天，同时又是一个很好的倾听者。）

点评：客观的介绍自己，强势推出自己最大的优势——沟通，当然这也是销售人员最重要的素质。

During my senior year in high school, when I began thinking seriously about which careers I'd be best suited for, sales came to mind almost immediately. In high school and during my summer breaks from college, I worked various part-time jobs at retail outlets.

（在高中的最后一年里，我开始认真思索究竟哪种职业最适合我，脑海中立刻蹦出了一个词——销售。于是在高中和大学的暑假，我开始在一些商场里打工，以便体验这种工作。）

点评：啧啧，看看 seriously 和 immediately 的使用，无一不是提醒面试官：我对销售工作充满了热爱，还有多次宝贵的销售经验呢！

However, I also realized that retail had its limitations, so I went on to read about other types of sales positions. I was particularly fascinated by what is usually described as 'consultive selling'. I like the idea of going to a client you have really done your homework on and showing him how your products can help him solve one of his nagging problems, and then following through on that.

（然而，我意识到"销售"本身是有局限性的，于是开始发掘其他类型的销售。而我尤其对所谓"顾问式销售"感到痴迷——吃透产品，把它展示给顾客，帮助他们解决困局，然后持续跟进。我特别喜欢这种理念。）

点评：进一步表明了对销售行业的兴趣和热爱，并能认识到自己的不足，勇敢做出尝试并取得进步。

After I wrote a term paper on consultive selling in my senior year of college, I started looking for companies at which I could learn and refine the skills shared by people who are working as account executive.

（在大学高年级，我完成了一篇关于"顾问式销售"的学期论文。那之后，我开始寻找企业（的工作机会），以便向客户经理学习和磨砺销售技巧。）

点评：介绍了基于实践的学术研究成果以及由此展开的目标雇主调研。

That led me to your company. I find the prospect of working with companies to increase the energy efficiency of their installation exciting. I've also learned some things about your sales training programs. They sound like they're on the cutting edge.

（这使我找到贵公司。为贵公司工作是能够提高效能的，更别说你们的培训项目符合市场潮流，颇具竞争力。）

点评：进一步表明自己是一个热切的创业型求职者。

I guess the only thing I find a little daunting about the prospect of working at your esteemed company is selling that highly technical equipment without a degree in engineering. By the way, what sort of support does your technical staff lend to the sales effort?

（我猜，唯一一个阻碍我加入贵公司的问题就是缺乏销售高新技术设备的工程学学位。不过，想请问下，贵公司技术人员为销售人员提供的支持都有哪些呢？）

点评：刘新在这里坦陈自己应聘该公司的销售岗位关键不足是没有技术背景，很客观，也很谦虚。最后向面试官进行的提问既增加了互动性，也让自己能够得到片刻喘息——将球又抛回给了面试官。

通常自我介绍要在3分钟左右完成，大约250至400个词，要求有点有面，有详有略。例1中刘新的自我介绍仅有253个词，短小精悍，但是不失为一段很有特色的自我介绍。刘新围绕销售岗位需要的性格和技能优势——“沟通”与“咨询式销售技术”展开，再辅以实习经历、学术研究步步深入，最后将自己的职业兴趣和目标与面试的目标企业和岗位完美对接！最后，他不但将球抛回给了面试官，连答案和最后的提问也是“犹抱琵琶半遮面”，给面试官挖好了坑：主动抛出了零售相关的实习经历，面试官可以追问具体职责、挑战、收获；抛出了对“咨询式销售”进行的学术研究，面试官可以追问研究方法、成果、可行性；抛出了对“培训”的疑问，面试官可以追问职业兴趣、职业目标、生涯设计。相信刘新在此铺设诱饵，引蛇出洞，必定留有后招，正等着把那些丰富自己职场人设的例证、独到的见解呈现给面试官，证明自己就是The Best Fit One（最好的、最匹配的那一个）。通过这个高度客户化的个人简介，刘新为面试官们苦苦追索的“匹配性”提供了各种便利和充分的证据，完全掌握了主动权。

这时，有的同学可能有疑问了：如果我申请的岗位综合性比较强，比如战略规划、研究分析、综合管理、行政支持，或者是管理培训生，除了聚焦目标岗位以外，还有没有其他策略呢？

例2：还记得悠然在简历中把自己的学习、工作经历以“3-2-1”的线索展开吧？同样的套路，用在正在应聘某资产管理机构初级金融分析师岗位的冷媛身上，看看在面试中如何演绎——

各位面试官好，我是冷媛。我想用3、2、1几个数字为线索，简要介绍自己的经历。

点评：好的结构提升沟通效率，吸引面试官的注意力。

“3”是我在政府机关、大型国企和外企的三段实习经历，既从政府层面了解了监控宏观经济运行的操作范式，也从企业层面进行过国别、行业、主要投资产品的实际研究，拓展了专业眼界、结识了行业大咖、磨砺了工作能力。

点评：这段是对专业技能和专业知识的介绍，由于使用了3段经历、2个层次的逻辑，使得内容结构层次较好，便于面试官记忆并留下较深印象。

"2"是指我在北京××大学、上海××大学分别度过的本科和研究生时光，两个城市孕育了我不同的气质内涵：北京沉稳、大气度，拓展了我做人的格局；上海精致、有腔调，延展了我律己的深度。一横一纵，不同的城市性格给我打上了独特的烙印，心中的理想与现实在"放得开"也"沉得下"中完美地对接。

点评：这段是对独特性格气质的介绍，颇具特色，表现了求职者较强的适应能力，传达了自信。

"1"是指我从一而终对经济金融专业的热爱。除了在学校取得优异的学习成绩、屡获奖学金以外，我还做每日经济金融市场简报，紧跟市场脉搏；通过了金融分析师CFA–2级考试，追求国际化视野，希望能形成对市场独特而准确的洞见，成为一名合格的金融分析师。

点评：这段围绕对理想与专业的"热切与执着"追求展开，以学业、研究、专业资质成果作为证据，踏实有力。

这段简介共388个字，逻辑脉络十分清晰，证据充分，理性与感性的描述水乳交融、相得益彰——打造出了一个专业素质过硬、自信开朗且对事业有清晰目标和热切追求的求职者形象。诚然，求职者本身的实力毋庸置疑，但是这段令人印象深刻的自我介绍更使之如虎添翼，赢得了一个成功的开局。

因此，能成功破冰并营造理想第一印象的自我介绍，除正确对接应聘目标以外，还应该具备如下特点：

· 清晰完整的逻辑脉络；

- 引人入胜的线索导引；
- 有说服力的证据支持；
- 殷切统一的愿望表达；
- 自信正向的印象管理。

所以，请同学们不要再背诵、缩写简历了，而是应该拿出一支荧光笔，进行如下练习：

- 在简历中标出关键词，不超过5个；
- 在简历中找出关键证据；
- 归纳、提炼简历的关键要点。

然后，姓名、城市、专业、职业目标、数字、诗句、名人名言……选择你认为合适的线索，重组、浓缩出一份自我介绍，并把它试着讲给你的父母、同学、好友以检验效果或是查漏补缺，力争还原出一个完整的职业人设，并能掷地有声地呈现出来。最后，对着镜子不断重复，注意语音、语调、语气、节奏、表情、手势，让非语言信号与语言信号实现合作共赢，展现一个有职业风范的新人"胸有成竹、活力满满"的自信面貌。

最后，值得注意的是，"自我介绍"这个问题常常会衍生出一些变体，或是细分出一些枝节问题，比如：

- 你有什么特别之处？
- 如果用5个词形容一下自己，你选哪5个？

- 请用1~10给自己打分并阐述理由。
- 你怎么描述自己的性格特征？
- 如果让你改掉一个性格缺陷，你怎么选、怎么做？
- 说说你最好的朋友，你与他/她有什么不同？
- 为什么我们要雇用你？
- 与其他来应聘的同学相比，你认为自己有什么优势能胜出？
- 你有什么能为我们做的，而别的同学可能做不到？

你会发现友好程度逐题递减，压力系数逐题递增。面试官以这些方式提问的意图无非有两个：一是传达职位炙手可热、竞争残酷无情，最好理性认识自己的乙方情境；二是以最快的速度发现问题，挑出“不合格”的“咸鱼”。但是，只要提问这类“关于自己”的问题，无疑都是给求职者创造一个展示自我的机会。而善于抓住这样的机会，顺势交出提前准备好的功课，无疑将获取良好开局。

劣势相关问题

法语之言，能无从乎？改之为贵。巽与之言，能无说乎？绎之为贵。说而不绎，从而不改，吾末如之何也已矣。

——《论语·子罕》

在前面的一个小节中强调了自身的“优势”，在这个小节中我们来聚焦自身的“劣势”以及应对方案。在《论语》中，孔子为大家指明了面试官追问“劣势”的根本，他说：“符合礼法的正言规劝，谁能不听从呢？但只有按它来改正自己的错误才是可贵的；恭顺赞许的话，谁能听了不高兴呢？但只有认真推究它的真伪是非，才是可贵的。”人无完人，劣势、弱点、短板人人皆有，初级选手的短板更多，如缺乏职场经验、人际关系能力单薄等。所以，求职者要认识到，面试官对其“劣势”尽在掌握，唯一逆袭的机会在于：如何对待劣势，如何去伪存真，如何征服、跨越劣势。

当然，“劣势”也是二分的——宛如白纸的职场新人是没经验，但贵在可塑性强；劣势也是讲究情境的——在学生会担任干部是潜质，是优势，但对于某些用人单位，可能反而产生圆滑有余、朴实不足的晕轮印象。因此，求职者应在面试中传达对“劣势”正确积极的解读，而不要一味抵触这样的问题。

在回答关于“劣势”的问题时，有几个原则：

- 面试官未及时问，别主动提供；
- 尽可能少说一些，但也别说“我是一个完美的人”；
- 如果必须说出一个弱点，说毁灭性低的，或是通过努力能进行修正的。

例1：你的弱点是什么？你是如何改进的？

变体：如果挥动魔杖能够帮你改进一个性格特征或特质，你想在哪里做改变？

建议：多谈经验的习得，少谈真正的劣势。比如：

行业不断发展，技术不断进步，我总是感到自身知识技能稍不努力就会落后，也因此有时不那么自信。好在依托互联网技术的红利，学习方式越来越多元化，利用碎片化时间坚持学习已经成为我克服自身短板的最好方式。我使用的是××App来不断完善专业知识，还能与同好们共同讨论、学习、进步，效率效果极佳，现在提起对专业知识和实际操作的应用，我变得自信多了，也相信能够很好地完成大部分工作任务及问题。

例题2：面试岗位的相关工作有哪些方面是你不熟悉的？你如何解决？

变体：你还需要怎样的培训以使未来工作得更好？

建议：在回答中体现“尊重”的态度与“融入”的意愿。具体地说，“尊重”体现在初到一个用人单位中，需要直面并不熟悉的价值观和方法论，从而产生对了解、掌握、遵守该组织制度、规章、规则、方式方法、原则等的意愿，同时，愿意通过沟通、求助的方式去体现与新团队和组织的认同与一致。比如：

鉴于我过去一年的工作经验，特别希望入职后马上能够为公司做出贡献，但是也知道需要先去适应新的工作内容、团队风格、规章制度等，在这些方面，我还是一个“职场小白”。因此，我会主动向同事、领导请教，获取更多管理流程或技术知识，更快融入新环境。我已经做好了走上新岗位的准备，列出了一个任务清单，包括了解设备操作流程、特殊的安全规范、公司组织结构，定义工作内容与责任。

例题3：以往的工作/项目/学生工作/志愿活动中，小伙伴给你提过哪些需要改进的建议？

变体：在以往的工作/项目/学生工作/志愿活动中，如果有机会让你重来一次，你准备做出哪些改变？

建议：小伙伴提了哪些建议、你追悔莫及一直想修正的是哪些其实并不那么重要，重要的是记住孔夫子说的“改正了才是最可贵”。因此，可以参考具体情况多使用动词，如“回顾”、“反省”、“分析”、“参考”、“改变”、“征询”、“接受”、“实践”、“修正”等词汇。比如：

我和小伙伴在寒假里共同完成了“20世纪70年代英国工会式微”的研究课题。我自己想法挺多，性子挺急，没等和小伙伴们商量，就列了个提纲，洋洋洒洒完成了自己那部分。开学大家一碰头才发现，我不但使用了错误的数据库，而且由于资料偏颇导致研究框架也和大家的整合不了，结果只能全盘推翻重来。对这件事，我反思了很多：第一个是不应该闭门造车，这不仅不尊重队友，而且很容易跑偏，拖累全队成绩；第二个是有些盲目自信，整个过程哪怕问队友一句也能事先发现问题所在。所以，我立刻接受了大家的批评，及时进行了修改。同时，这件事也给自己暗敲警钟，以后千万要虚心多请教，阶段成果多沟通，要真正融入自己的工作战队中去。

教育背景的问题

师范启其塞，小学导其源，中学正其流，专门别其派，大学会其归。

——清·张謇

不同于九年义务教育，正像近代教育学家张謇说的：大学教育的目的已经不再是正本清源，而是解决“别其派”的问题，也即学有所专，开始由专业知识进行分野，为不同的职业方向形成职业资产奠定基础。无论将来是做研究还是找工作，高等教育都是职业生涯的预科班。

因此，第一类问题就是不同大学、主副专业或转专业、选修课的选择动机，比如：

- 为什么选择 × × 大学、× × 专业？
- 高考都报了哪些志愿？最后悔没上的是哪个志愿，为什么？
- 为什么从物理系转到环境科学系？
- 为什么天文学专业选择戏剧作为第二学位？
- 为什么选修商品广告学的课程？

- 将选择学校、专业、课程的动机与职业目标和规划结合起来；
- 介绍一下通过学习获得的“专业通用技能”与“通用技能”；
- 表明学习态度与学习能力；
- 坦陈各类选择可能有一个由不成熟向成熟的认识过程

- 没主见的表现，比如听父母之命选择专业，分到哪里算哪里……

第二类，学分绩与排名的问题，用人单位通常会把学分绩和排名视作验证智力、动机、学习能力、抗压能力等的直接证据。试想一下，如果会计学、税法成绩很低，求职者去申请会计、审计岗位时会非常被动。

- 专业课哪门学得最好？哪门最差？
- 为什么挂科？
- 选修课成绩如何？有没有哪门课选了后悔的？

· 是什么影响了你的学习成绩？

· 客观分析学分绩/排名优劣的原因，如有否家庭、经济等外界环境压力，有否端正态度，有否投入足够的时间精力等；

· 对不理想的学习结果的改正方式，如端正了学习态度，向老师、同学求助，花更多时间、精力学习等；

· 对不理想的学习结果表明接受教训，今后会承担责任。

· 对不理想的学习结果一味抱怨授课方式、课业压力等外部因素；

· “随大流”的消极表述，如反正大部分人挂科了，我也是一个普通人；

· 对不理想的学习结果归因理由过于私人，如失恋导致茶饭不思，更别提学习了。

第三类，专业不对口的问题。在一个愈加成熟的劳动力市场，换工作、换行当已经屡见不鲜了，但是，当应聘非本专业的工作机会，如地理学专业大学生应聘零售岗位，环境工程专业大学生应聘政府关系岗位时，如何说服面试官呢？

张謇所说“大学会其归”提供了解决方案——大学里除了分专业，还在乎将各类知识汇集起来，融会贯通，百川入海，万源归一。也就是强调我们学到的是“渔”，而非仅仅是“鱼”。“渔”是方法论，是在多种职业情境下都能解决问题的知识、理论、技术体系，是所谓“专业通用技能”。与“通用技能”不同，“专业通用技能”与专业相关，它是受专业知识技能影响和长期熏陶形成的一种行业、组织和岗位间的可迁移性能力。

现象分析：

在美国，约20%的物理学专业毕业生会进入金融行业，而华尔街也对物理学专业的硕士、博士毕业生青睐有加。特别是涉及“量化分析”岗位，企业HR与猎头公司首先会把藤校的理工科专业，特别是物理学专业，过筛一遍。国内也是同样，纵观近几年“千人计划”项目引进的海外高层次金融人才，物理学背景亦不在少数。

自1900年法国人劳伦斯·巴施里耶（Louis Bachelier）运用随机数学建模分析巴黎股票交易所波动后，物理学等基础理学由于善于搭建模型进行分析与预测，逐渐建立起“理学模型－量化金融分析模型－良好的投资收益”的良性循环，使得量化分析在投资银行、对冲基金、保险公司的应用不断加深。量化分析工作者通过搭建定价、投资、风险系统、模型和工具，直接支持前台交易团队决策，这种跨专业的组合模式已经成为国际金融市场人才队伍的主流架构。而物理学与金融业之所以能够联姻，是因为物理学对“系统”与“组成要素”之间关系和交互作用的关注，以及用模型来解释现象的习惯。

以上就是以物理学为例子解释“专业通用技能”的养成。在求职中，“专业通用技能”的逆向应用很重要——从专业入手，从专业课、研究项目中拓展岗位与行业应用范畴，寻找合适的知识能力对接点，来解决面试中关于“专业－目标岗位不匹配”的问题。

再举个人力资源管理专业的例子，“专业通用技能”适用范围可以进行多维度拓展：

从接受过企业管理综合教育，拓展到战略管理、行政文秘岗位（商业）；

从劳动法与劳动关系，拓展到与劳动关系相关的仲裁、法务、工会岗位（法务、政治）；

从组织行为学、薪酬设计，拓展到行业研究及咨询岗位（咨询）；

从工作分析、招聘，拓展到猎头、职业顾问岗位（人力资源服务）；

从心理学、沟通培训，拓展到职业心理咨询、职业治疗师岗位（医疗）……

再发散一些是不是还可以拓展到销售、经纪人？

如果该专业毕业生去应聘心理诊所，那么学习过应用心理学、行为学、招聘、人才管理等课程是知识上的优势，较好的沟通能力是能力上的优势。此外，在提供心理辅导的同时，还可以通过职业疗法鼓励并帮助病人通过工作融入社会，解决心理问题，进一步明确了专业提供的差异化优势。

因此，求职者不必因为“专业不对口”而心生怯懦，担心自己的专业八竿子打不着，只要逆向思考，将重点放在“专业通用技能”上，结合目标企业或岗位的任职资格、员工素质模型，总会发现“对口”与“匹配”的通道。

沟通的问题

一个人必须知道该说什么，一个人必须知道什么时候说，一个人必须知道对谁说，一个人必须知道怎么说。

——彼得·德鲁克

某种意义上，“沟通”就是“说话”，正像管理学之父德鲁克说的，“说什么”、“何时说”、“对谁说”、“怎么说”太重要了，站在巨人肩膀上，太多的参考书都对“沟通”进行过系统介绍。但是，面试中涉及的“沟通”又有哪些独特的方面呢？其实，面试中涉及的“沟通”问题基本都是“情境类”的，涉及对象，涉及任务。常见的问题如“如果在社团活动遇到不配合的同学，你该怎么与他沟通？”，大家会联想到之前讲的“STAR 法则”——先描述情境，交代沟通要达到什么目的，自己采取了哪些行动，最后对方的反馈如何。没错，这是答案的大框架，但是具体到“A”—— Action(行动)，是否还有更多套路呢？

答案是肯定的：“沟通”，所谓“沟”，即建立联系，包括“参透形势”、“明确对象”、“掌握底线”；所谓“通”，即“寻求共识”。为了更好地剖析“沟通”的要诀，下面通过一个“划价”的案例进行分析（这个例子是一个学生小鲁放在案例库“沟通能力”下的，可用于答复与“沟通”相关的面试问题）。

例子

2013年，我获得了英国C奖学金的资助，准备去位于西南英格兰的E大学攻读硕士项目。本来是件特别幸福的事，但是英国大学硕士项目学费不菲，超出奖学金的额外部分只能自行承担。我了解了一下，E大学不同于牛津大学、剑桥大学等其他高校，此前一直没有学费优惠减免的照顾惯例，这意味着超出的几万元学费都需要自己承担。好在该校国际部主任W先生访京，为Offer Holder（录取通知持有者）召开了见面会，创造了一个难得的沟通机会。

见面会一开始，W 先生就大费口舌，花了一个多小时详细介绍了 E 大学的概况与优势以及他来华招揽人才的使命。

他的介绍一结束，我就不客气地挑衅道："感谢您之前的介绍，然而 E 大在中国并没有什么名气，十个人里有一个人知道咱们学校就可以去买彩票了，不知道读完了书，会不会被亲朋好友认为是在野鸡大学混文凭！"

在座者均目瞪口呆，W 先生更是大惊失色，连忙解释学校在英国多么有名，北大、清华多么愿意与之进行国际合作与交流。

我依旧一脸严肃，诚恳地说道，"不知您是否愿意听我解释？"

W 先生表示愿闻其详……

我于是继续展开："说到英国高校在中国的名气，不外乎两点，一是有没有知名教授，二是有没有知名校友。您从剑桥大学毕业，单讲三一学院，就拥有31名诺贝尔奖得主，比如牛顿、培根、罗素、维根斯坦，振聋发聩、耳熟能详；国王学院更有我们中国人热爱的新月派诗人徐志摩，可见，剑桥大学在中国人心目中地位之崇高。"作为剑桥的毕业生，W 先生一脸认同，不料我话锋一转："可是，我们学校有谁呢？您能举个例子吗？"

W 先生主任一脸尴尬，无言以对……

于是我趁胜追击："C 奖学金是贵国政府为世界未来领导者提供的资助，像牛津、剑桥、伦敦政经这样的学校都给奖学金学者提供学费减免，为的就是吸引优势生源。即使单考虑学费，咱们学校就已然失去了竞争力，所以，有的学者干脆就去其他有优惠的学校了。我想，比起几千镑的减免，你们损失了那些可能在未来10到20年成为中国中坚力量的重要校友资源，失去了培养贵校中方代言人的机会。现在贵校没有中方代言人尚可理解，毕竟不像牛津、剑桥，E 大没有那么悠久的历史积淀。然而，今天的一个政策失误很有可能让贵校在10年后，依然没有优秀的中国校友及代言人。因此，我来提醒你们，你们将错过重要机遇，而这将是在与世界知名高校进行中国生源争夺战中，最可怕的损失。”

这次沟通的结果是卓有成效的，我不但获得了学费优惠，学校还为我减免了其他全部杂费。

从以上案例，分析一下德鲁克提出的“说什么”以及“怎么说”。

· **“参透形势”**，即“深入了解”，包括“我们了解别人”，也包括“让别人了解自己”，这样做的目的就是“减少不确定性”，是一个建立互相信任的过程。从上面的案例来讲，小鲁经过研究不但了解了奖学金学者在不同学校的学费优惠政策，还洞悉了E大学与牛津大学和剑桥大学在对中国招生时的优劣势比较。

· **“明确对象”**，是根据沟通对象的特性，确定沟通内容并调整语言、语气、表情、体态等。于是，本案例的神来之笔就是小鲁事先调查了一下W先生的个人背景，发现他是剑桥大学的毕业生，于是用剑桥大学和E大学进行了比较分析，以引导W先生认同她的观点。

· **“掌握底线”**，任何沟通中都要提前设定临界点，确保在临界点内沟通，才能做到“有度”、“有节”、“有效果”。在拆析本案例时，小鲁补充说，E大学财务情况良好，加之W先生在留学生事务上的话语权，因此断定学费减免肯定在底线内，而结果（减免了其他杂费）也再次验证了这一点。

· **“寻求共识”**，即沟通的核心诉求，也是沟通能够达到效果的必然保证。了解双方的真实需要、真实感受，有的放矢，达成共识。在本案例中，校方需要优质的生源，这个优质不但表现在学术水平和综合素质，最好还能具有一定领导潜质，在未来的事业中获得成功并拥有职业声望，成为母校代言人，反哺、滋养母校。而小鲁申请的C奖学金就是以“领导力”为核心要素。于是，“领导力”、“未来领导者”就成了二者的共识，这也是双方能够建立沟通，小鲁能达成目的的主要原因。

在明确沟通内容的组成要件之后，下一个问题就是如何通过沟通技巧来展示沟通能力。哈佛大学商学院总结得极其漂亮——沟通，首先是“倾听”，其次在乎“控制气氛”，最后需要“积极推动”事态向预设目标发展。

· 说话之前，首先要倾听，不听清楚如何参透形势？同时，要善于通过眼神、语言等方式去：鼓励，鼓励对方表达感情、抒发感想、陈述意愿；询问，询问对方的信息和欲求；反馈，反馈给对方尊重、理解、同情；复述，复述对方的关键内容。这样做，可以更好地收集更多的信息，抓住对方的“七寸”。

· 沟通过程中，要注意控制气氛，吸引对方更多地参与、对话。比如，要联合，用共同的兴趣、价值观、欲求、目的来寻求共识；要参与，积极地投入和响应，以鼓励对方同样的投入和响应；要依赖，创造一个彼此信任、依赖的环境，敞开心扉，接纳彼此；要觉察，警惕负面的、破坏性的趋势，避免事态恶化。小鲁是个勇敢的沟通者，她很直接地挑衅，吸引了对方的注意，而后又通过头头是道的分析争取到对方的响应，于是最后看似苦口婆心的建议实则是将匕首直插对方七寸。

· 为达目的，要推动事态向积极方向发展。这需要反馈，表达你的感受；要提议，明确表明态度，甚至亮明底线；要推论，发展地分析问题；要增强，符合我们设定的发展方向；要坚持，要更上一层楼，不要担心蹬鼻子上脸太贪婪。案例中，见面会是在北京王府井的某五星级酒店召开的，在此之前，在王府井车水马龙的大街上，小鲁随便拉了10个学生模样和10个家长模样的群众采访了一下，发现抽样和她自己的判断是一致的，大家普遍不了解这个小而美的英国高校，于是特别掷地有声地抛出了观点："E大学在中国并没有什么名气……"——此为反馈，表明感受。此后，小鲁又提议为她这样的奖学金学者提供学费减免，并以此争取更多的奖学金学者，互惠互利——此为提议，表明态度。而后，小鲁分析了这个小而美的英国高校在中国生源争夺战中的窘境以及与其他高校的差距——此为推论，表明症结。最后，她给出了结论：错失人才将使校方错失机遇，而这个损失太大了，现在不及时悬崖勒马，未来将追悔莫及——此为增强，表明影响。这就是一个完整地推动事态发展的沟通方案，循序渐进，图穷匕见，可谓精彩。

围绕一个"划价"的案例谈了这么多，最后补充一句，在沟通里，任何情况下，"钱"都不算是问题的关键，而问题的关键从来都是——"理解与尊重"！

工作–生活平衡相关问题

If you want creative workers, give them enough time to play.

（要想员工有创意，不能耽误人家玩！）

——英国著名编剧 约翰·克里斯（John Cleese）

“工作与生活平衡”一直是招聘面试中的热门话题，随着“996”事件的发酵，相信在未来的招聘季中将持续大热。首先，请求职者们注意的是，“996”工作制违反了中国的劳动法，属于倾轧劳动者权利的违法操作。根据《中华人民共和国劳动法》第三十六条“国家实行劳动者每日工作时间不超过八小时、平均每周工作时间不超过四十四小时的工时制度”以及第四十一条“用人单位由于生产经营需要，经与工会和劳动者协商后可以延长工作时间，一般每日不得超过一小时；因特殊原因需要延长工作时间的，在保障劳动者身体健康的条件下延长工作时间每日不得超过三小时，但是每月不得超过三十六小时”，“996”工作制产生的每周72小时的劳动时间严重超限。因此，求职者们要记住，用人单位再问你这个问题的时候，就已然是在触碰法律的底线，既不专业，也不正常。对于这样的用人单位，求职者们一定要多方打听，谨慎决策。

然而，问题来了：第一，IT行业加班已经是家常便饭，看看右图就知道完全属于行业“潜规则”；第二，研究表明，“千禧一代”非常不喜欢加班，二者完全矛盾。那么，如果在面试中遇到这类问题，真的要当面指出用人单位涉嫌违法吗？

企业中有很多操作隐

华为、腾讯、阿里巴巴员工加班最多且时间晚

年度加班多且长的公司 TOP10

公司	小时	21:00后平均下班时间	加班时长同比2015年
华为	3.96	21:57	3.1% ↑
腾讯	3.92	21:55	3.1% ↑
阿里巴巴	3.89	21:53	1.4% ↑
网易	3.86	21:52	1.4% ↑
京东	3.86	21:52	4.7% ↑
58赶集	3.75	21:45	2.4% ↑
乐视	3.73	21:43	5.4% ↓
百度	3.69	21:41	0.9% ↑
新浪	3.68	21:41	24.1% ↓
奇虎360	3.68	21:40	15.3% ↓

图片源自网络

性或是显性地暴露出迫使员工加班的意图，如一要下班就开会，让员工填写《加班申请表》以强调员工自愿（当然，不填就不给负担加班误餐费）……自古深情留不住，唯有套路得人心，求职者又何必逞一时口舌之快，激怒面试官、得罪用人单位呢？下面简析反击套路：

强调“敬业”，回应“福报说”。员工愿意为雇主投入智慧、感情、承诺，是敬业度的体现。翰威特咨询公司在其“员工敬业度”的研究中提出，员工敬业体现在“3S”上，即愿意说（Say），愿意留任（Stay），愿意为之拼搏（Strive）。这都需要企业提供：职业生涯发展路径，以职业发展为导向的培训，公平公正的薪酬体系，营造以人为本、追求卓越的企业文化，选拔和培养优秀的管理者。优秀的员工不好找，同样，能提供肥沃土壤滋养人才的雇主也是可遇不可求，这可能就是马云讲的所谓“福报”。

回复举例：

一份理想的工作是什么样的？研究表明，只有员工和岗位、员工和组织文化的高度匹配才能激发员工真正的活力与敬业。那么，如果这份工作适合我，与我的职业目标、期望、兴趣匹配，我可以保证100%的全情投入。但是，这需要企业和员工双方面的努力，企业要给员工提供适合的文化氛围、职业生涯规划、岗位培训等支持要素，员工才能无怨无悔地把工作当成一份事业来认真对待。对我来说，工作是有时限的，而事业没有，我愿意把全部的精力和智慧投入到一份有意义、有成就感、受尊重的事业中去。

强调“工作效能”，回应“创业说”。刘强东在回应“996”时分享了他初创京东时期“007”的奋斗励志故事，以期激励大家拿出创业激情对待工作。诚然，这样的成功值得赞赏，然而这样的成功却难以在日渐臃肿的机构和复杂诡谲的权斗中继续复制粘贴，取得成功。因此，在创业初期比起强调个体投入，不如重视群体赋能，打造高效能的团队习性才不会过度依赖外界环境和人才。思科CEO约翰·钱伯斯在其书《高效能员工工作法则》中指出，高效能员工的几个“第一”，分别是态度、责任、权重、速度、创新，这里可没有“工作时间”第一。思科公司努力缩短员工在办公室的工作时间，鼓励员工在家办公，鼓励员工使用互联网办公系统以实现全球24小时连续经营，鼓励员工正确使用工作日程分清权重、高效工作，鼓励员工遵守时限回复邮件、语音信箱等工作标准，强化责任、强化专业、强化产出，这才是营造可持续发展的商业帝国的正确思路。

回复举例：

作为一名初出茅庐的大学毕业生，我非常重视第一份工作，会把它当成创业的契机，愿意全情投入自己的激情与精力。但是，比起盲目地投入时间精力，我认为，无论对企业还是对员工，一味强调工作时间长短，不如强调工作效能高低。特别是在企业不同的生命周期，不论是创业，还是守业，企业都能有意识地培训员工重视目标管理、优化工作流程、合理配置资源、调配合适人才，在最短时间取得最优回报，这样工作风格与习惯的养成才能真正确保企业与人才共赢。而我，作为一名大学生，工作需要我，我会则无旁贷、认真履职，但是更重要的是，我会重视提升自身工作效能产出，成为一名高产出、低消耗的“绿色”员工。

强调“组织承诺”，回应“拼/滚二选一说”。诚然，员工是否能够接纳“996”完全可以用脚投票，不差钱任性者大可以一走了之。

然而，在企业管理的实践中，有哪家企业敢说自己的员工要么“拼”要么“滚”，别忘了中间还有“既不拼，也不滚”混日子的员工，也就是刘强东所说的“不能拼搏”、“不能干”、“性价比低”的员工。那封京东内部邮件的初衷与其说是要淘汰谁，不如说是想逼迫那些长期躺在舒适区的员工，让他们打上鸡血、重燃斗志，去臃肿，得高效。那么驱赶舒适区中的员工是单纯依靠延长工作时间就能实现的吗？不是！学界早有研究，愿意贡献超额业绩即为员工的“组织承诺”，根据国内职场环境，来源有“六因素”说，即员工的“组织承诺”来源于感情、持续性福利、规范与义务、经济、机会、理想。有这些，才能有员工的“拼多多”！

回复举例：

感谢公司直言不讳地提出了对工作时间的要求，那么我也直率地表达一下对这种工作制产生的对等期望。首先，我愿意贡献我的时间、热情、能力、才智，同时也希望公司能有同等的回报及相应的安排——希望公司能尊重员工，希望公司能够对投入较多的员工予以补贴、调休，希望能得到更多成长与表现的机会，希望能将公司发展与实现个人理想完美结合。如果公司有足够的诚意和敬意对待那些“爱拼才会赢”的员工，那么加班就不会流于形式或是陷入被迫，而是人人将奉献、责任、拼搏视作企业的DNA，自行追随并遵守。

当然，除了加班，影响“工作－生活平衡”的还有出差、外派、周末安排团建活动、培训等。对这些安排的接受程度，希望求职者提前想清楚：是甘之如饴，还是嗤之以鼻；出差的底线在哪里，20%还是50%；外派的地域能否接受，比如非洲或是中东；是否有父母子女需要照顾；周末是否愿意参加公司活动等等。想清楚以后，建议据实以告。当然，在告知的方式方法上可以讲究一些：

· **给出底线**。比如能接受多大比例的出差，能接受到哪些地区的外派，能接受什么频度的周末活动。

· **给出理由**。如果可以接受，不妨借机谈谈自己的职业目标、适应能力、时间安排；不能接受的话，给出合理的理由，比如要照顾家庭或学业尚未完成等。

· **给出灵活性**。"计划赶不上变化"，此处不妨留个活话。可以交代现阶段的困难，承诺准备做出的努力或牺牲，并给出时间表。

问面试官的问题

If the candidate doesn't have any questions, that really clouds my estimation of their interest and ability to engage.

（如果求职者没有抛给我的问题，那么就印证了我的推测——他们没兴趣，也没本事加入我的企业）

——美国黑人女企业家贾妮思·霍洛依德

说到这里，那么问题来了，求职者为什么要问面试官问题？这些问题重要吗？有的求职者认为面试官说"现在，你有什么问题要问我们？"是一种客套的结语，那么，他们绝对错了。别忘了，这还在面试的有效时间里，反客为主的机会来了！反过来，作为面试官，当求职者摇摇头，表示他们没有什么要问的时候，第一反应就是“看来他对我们的工作机会并不那么感兴趣/没什么准备”，也许他们还会认为“这不是一个势均力敌的对手/有意思的求职者，他们甚至连想成为那样的念头和志气都没有”……本节的最重要目的就是告诉求职者：只要面试官没说Bye-Bye，你就仍在场上，就要善始善终，切勿虎头蛇尾，小心功亏一篑。

把最后一步棋走好，别让面试官产生这样的感受：

· 你对这份工作兴趣缺缺；

· 你不够聪明、自信；

· 你烦了、累了；

· 你怂了，接不住球。

贾妮思·霍洛依德是美国ACT-1集团创始人及CEO，也是首位女性黑人亿万富翁，以在面试中喜欢问唯一问题而著称。她常把球直接抛给求职者，而这个唯一问题就是——“I would now like you to ask me seven questions.”（你可以问我七个问题吗？）。

这些问题没有任何限制。她说：“我认为通过让他们问我问题获取的消息远多于听他们回答我的问题。”她通常会通过最先提出的3个问题来判断是否继续听后面的4个，她解释道：“我最喜欢的求职者就是他们在面试时就已经把自己内设为我的合作伙伴了，这样的交流才有价值。”所以，你们准备好问面试官问题了吗？

美国最大的人力资源服务公司伯纳德·哈尔登（Bernard Haldane）的职业顾问罗宾·爱普顿女士在辅导求职者时，通常会建议在面试结尾问面试官两个问题：

① 您认为我与应聘岗位的要求还存在哪些不足?

很多求职者会认为这样的问题违背直觉，为什么要让面试官在最后以总结负面印象、强化顾虑作为结尾?如果这么想就过于短视了。一旦面试没通过，马上知道自己失败最可能的原因是什么，就能制定对应方案，通过失败获得成长。

② 对于我应聘的岗位来说，能完成工作任务最重要的三点是什么?

爱普顿女士强调，这个问题可以最直接地了解面试官的“敏感点”在哪里，也表达了求职者对工作岗位的兴趣。求职者已经自然地代入工作情境内，考虑的是如何抓住重点去“完成”任务。对面试官来说，这些都是“真诚”、“愿意投入”的重要信号。

此外，让求职者问问题还能考察他们“能够问出好问题”以及“能好好问问题”的能力，这也是未来职场中必要的技能。他们将来在工作中会不会问那些令人尴尬的蠢问题，他们问问题的方式是挑衅还是寻求合作，这些都可以通过让求职者提问来进行验证。

说到问 HR 或是招聘经理的好问题，还包括这些:

· 是什么吸引您加入这家公司?现在觉得依然满意和稍有失望的部分是什么?

· 您能描述一下公司的工作环境与氛围吗?

· 您认为我的能力与其他求职者相比还有哪些不足?

· 通过与您及其他面试官的交流，我认为自己很适合这个岗位，也有信心发挥能力做好这份工作，接下来的面试安排是怎样的呢？

· 你认为公司最需要员工贡献哪些重要能力？

· 从公司内部对员工有否成形的职业生涯规划？

· 如果我能顺利加入公司并表现良好，公司能为员工提供哪些成长机会？

· 从公司内部成长起来的管理者出自哪个部门，比如销售部门还是工程部门？他们始终在同一个部门还是有轮岗经历？

· 目前公司面临的挑战 / 重要的目标有哪些？

· 请介绍一下领导和团队情况。

· 如果我被聘用了，那我的首要工作 / 最大挑战会是什么？

· 在某部门 / 岗位，获得成功的秘诀 / 必要条件是什么？

· 公司对新人的期待是什么？

· 在我应聘岗位未来的工作中，您认为最重要的机遇是什么？

· 在公司未来的五年规划中，所在部门将发挥怎样的作用？

· 员工的责任感、敬业度与绩效是如何被评估的？

· 与竞争对手 ×× 公司、×× 公司相比，我们的竞争优势在哪里？

· 您能描述一下一个正常工作日的工作内容吗？

· 您能描述一下明星员工的特质吗？

最后，提问要掌握几个原则：简明扼要，千万把时间留给面试官来回答；多用“我们”、“咱们”，巧妙地转换沟通立场；围绕“工作”，避免引导性或是不相关的问题；勇敢表白，直接表达求职意愿，抛出橄榄枝。此外，在提问时，避免通过“为什么”来提问，面试官在解释时会感受到压力与挑衅。比如“你们为什么要合并杭州与苏州的办公室？”，这听起来像是在质疑公司战略或是质疑公司市场份额和财务状况。换一个方式，求职者可以问：“公司将苏州办公室合并到杭州，想了解一下公司是如何做出这次战略调整的。”

第3话

关于备战·怎样想站C位

How to Prepare for the Job Interview?

每一个奔赴面试考场的求职者无不是心存着被选中的念想的，都希望自己在一众候选人中脱颖而出。但是现实往往是：昨天，准备一宿；今天，来了；明天，回去。第一，如果把这样的“昨天、今天、明天”看成是面试过程的话，那么太缺乏目的性，送你第一个“×”；第二，如果把这样的“昨天、今天、明天”作为针对面试内容所做的准备，那么太简单肤浅，送你第二个“×”；如果把这样的“昨天、今天、明天”看成是面试准备的效果，那么太平淡无奇，送你第三个“×”。集满3个叉，恭喜你，你可以等着拒信了！

再直白点：

如果把“昨天、今天、明天”看成是面试准备的过程，那么应该：在昨天，好好学习、好好生活；在今天，对昨天的成果进行系统化的加工和输出测试；在明天，尝试在面试中“试运行”。

如果把“昨天、今天、明天”看成是面试准备的内容，那么应该：将昨天，归纳成精彩的亮点与案例；将今天，明确为可行的责任与方案；将明天，定位为清晰的计划和策略。

如果把“昨天、今天、明天”看成是面试准备的效果，那么最终展示应该体现出：昨天，你果实丰硕；今天，你奋发图强；明天，你踌躇满志！

捋着“昨天、今天、明天”的线索，下面来细细拆解求职者需要做的准备。

准备步骤

第一步：客户化，即评估优势，对接岗位需求。在第一章第2话、第三章第1话里介绍过“通用技能”的概念，在求职资料库的建设当中，大家应该已经梳理并列出了自己的通用技能列表，甚至有些已经对应到具体案例。同时，职业兴趣、动机、价值观、目标在理解并完成相关练习后也更加明确清晰了。此外，企业分析也顺利完成，情报信息分析到位。那么，接下来需要做的，就是“对接”自己与求职目标，以确定两个内容：一是招聘单位和拟聘岗位与自己属性间最“匹配的部分”，二是招聘单位和拟聘岗位“最关键的任职要求”。

第二步：模拟演练，即针对“匹配的部分”选择面试题，进行模拟演练。在这里，模拟演练并不是背诵，千万不要针对每一道题写出答案，然后背下来，面试再去背出来。这是押题，不是准备。还记得资料库里已经准备好的案例吗？它们就是种子，试图“种”到尽量多的题目里，用案例去回答问题。有的案例能回答多个问题，就像有的种子能适用于多种土壤，重视这样的“通用种子”，它们有极大的施展空间。针对“最关键的任职要求”，可能有一些并不是求职者所长，那么回顾第五章第2话"'上星'面试问题解决方案"中的"劣势相关问题"，用发展的眼光和行动方案尝试回应这类问题，着重展示计划、行动与信心。

第三步：对镜练习，即营造一个模拟场景，彩排演练成果，进行纠错改进。"对着镜子"是最简单直接、行之有效的模拟面试措施，求职者可以同时扮演回答问题的求职者与挑剔的面试官。除了努力在练习中给出一个满意的答案，还要进行同期纠错——答案的逻辑结构、案例交代效果、表情、语音语调、对面试官的称谓、句间停顿、口头语的剔除……当求职者能让自己满意时，就能更好地把握心态，也能更自如地回答问题。这个练习的进阶就是，如果能找到合适的亲朋好友或职业导师，可以来一场模拟面试，让"面试官"来提问题，最后请他们给出建议。如果自己和了解你的人都无法满意，求职者又靠什么去打动真正的面试官呢？

崩人设的操作

下面来说说千万不要触碰的雷区，那些通过简历、笔试、电话面试积累起来的良好人设往往一夕之间就被不经意地毁掉了。朋友们可能会认为——"我怎么可能在面试中干出这么愚蠢的事？！"然而，本书的内容皆来源于生活且并不追求高于生活，它们还真就是曾经发生过的。所以，有必要提醒求职者注意以下问题：

面试迟到。如果因为交通、疾病等特殊原因迟到，请一定要尝试与HR联络，要简述原因，表达歉意，并询问有否调换顺序或重新安排的可能。今后在职场中，参加会议、见客户都有可能因为突发事件导致迟到或失约，正确处理突发事件是职业素质与沟通能力、灵活性的体现。

等候区“作死”。这种情况屡见不鲜，在等候区化妆、大声聊天、嬉笑、接电话、嚼口香糖、因为久候大吵大闹、离开等候区四处刺探……这些小动作能逃开HR的视线吗？面试尚未开始就可以放飞自我吗？进入面试场地就要时刻记住身在职场，放飞自我的种种行为很容易被解读为无意识下的真实状态，那是让领导和HR最为介意的状态。因此，做好一切准备工作再迈入面试场所，一旦进入就要时刻保持专业的态度和职业化的行为模式。

奇葩形象。无论企业的Dressing Code（服饰要求）是什么，请着正装出席，并注意不要有体味。请把头发洗净梳好，露出双眼。女生不要浓妆艳抹，佩戴过多饰品或是美甲过于夺目。除此之外，别用一双冰冷的或是多汗的手去与面试官握手。

不要眼泪和怒火。如果不幸遭遇压力面试，记住它的目的只是测试承压能力，能承受的认真做好，不能承受或感到非常不舒服的可以勇敢说“不”，但是不要哭，也不要怒。千禧一代经常被贴“情绪化”的标签，这是不成熟、不职业的体现。在职场价值观中，不卑不亢地说“不”远好过用眼泪和怒火去暴露自己的脆弱。

过多口头语、口语化及无意义用词。面试时间是有限的，还记得在进行自我介绍时，尽量在3分钟内完成吧？过多的口头语、口语化及无意义词不但挤占有效信息的篇幅，而且会将语言割裂开来，影响逻辑演进。所以，在对镜练习中，一定要警惕“啊”、“吧”、“然后”、“Okay”、“Well”等口头语，“你知道”、“Cool”、“man”等口语化用词，“对”、“可能”、“不确定”、“有趣的是”这类无意义的过渡词，尽量减少它们的使用频率。

所答非所问。认真倾听非常重要，与其他场合的倾听相比，面试中的倾听更加强调对意图的“解读”，即面试官想通过答案得到什么？不要试图用已经准备好的答案回答所有问题，一定要弄懂问题后，适当加工资料，给面试官“喂”案例，方便他们收集证据，作出判断。经常有求职者回答得文不对题却口若悬河，有的虎头蛇尾愈扯愈远，有的思维过于跳跃不断切换话题——面试官可能直接贴上“不靠谱”的小标签，因为连问题都听不懂的人，连注意力都无法集中的人，将来怎么指望他能正确领会领导的意图，按照正确方向执行任务呢？！

过多口号性、理论性内容。请牢记自己“劳动者”的人设，将注意力围绕在“执行”上，小心那些“学生气”的表达方式，特别是口号性的煽情、理论性的综述。在一些开放性“提建议”的问题中，面试官貌似考察的是求职者思考的深度和广度，别上当，别只告诉他们“你怎么看”，一定要明确“你准备怎么干”，提供有力的行为证据。使用“我计划开展……”、“这里应该针对……与客户进行沟通”等这样的表达方式，避免“我一定要加班加点，通过努力在截止日期之前完成任务”的许愿以及一些过于理论化的回答。

过度紧张、缺乏自信。如果出现手脚发冷、出虚汗、面部抽搐、口吃、大脑一片空白、不敢看面试官的眼睛、抖腿、转笔等无法控制的肢体反应，不要简单归因于过度紧张或是缺乏自信，其实求职者仅仅是没有做好准备而已。如果特别渴望某个工作机会，就要首先说服自己“我能行”，然后通过一系列热身，至少让你的身体相信“我能行”，进而让你的大脑也相信“我能行”，而不是到了面试现场才发现“原来我不行”，从而功亏一篑。那么，说服自己信自己的办法包括却不限于：

面试48小时前做好：对镜练习、模拟面试、企业分析、现场踩点……

面试前2小时做好：喂饱肚子、打理外貌、提前出行……

面试中做好：认真倾听、想好再回答、保持微笑……

过度关注薪酬福利。通常来讲，职场初级选手的薪酬标准较为透明，通过一些公开、非公开的渠道也较容易获得，因此切勿在初次面试或是面试的前半部分涉及太多关于薪酬福利的提问。记得面试官的两项重要任务其一就是“挑刺头”吧？那些只关注物质回报的员工，通常是难以坚守底线、组织承诺度较差的高风险群体，毫无疑问会被面试官最先剔除。

备战练习汇总

【练习1】 SWOT分析

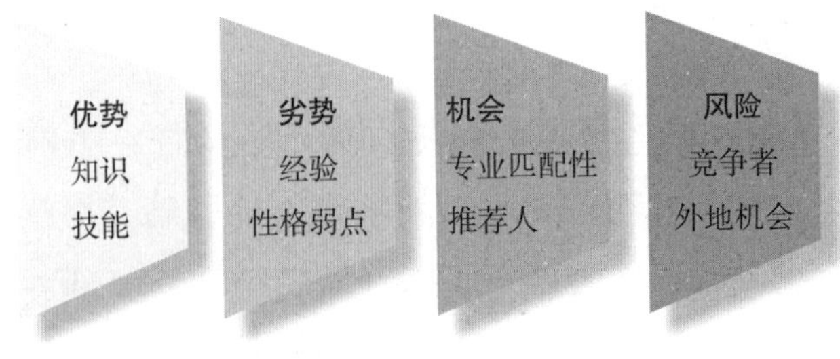

结合应聘单位、拟招聘岗位需求，先做内观：明确自身的优势、劣势；然后结合市场竞争环境，分析一下机会点与风险点，比如：机会点可能在于专业对口、能力素质等与任职资格的匹配，可能有师兄师姐做推荐；风险点可能在于更强的竞争对手，高适应成本的外埠工作……

【练习 2】个人品牌项目（Personal Branding Project）

我与众不同之处：

____

____

我“不走寻常路”的足迹：

____

____

我还应该注重对以下方面的培养：

____

____

大家用这些词来形容我：

★（　　　　）　★（　　　　）　★（　　　　）

★（　　　　）　★（　　　　）　★（　　　　）

【练习 3】智囊团采访

找一个了解你的亲友进行采访：

· 您觉得我擅长的工作是什么?

· 如果我将来能成功，你认为我在做什么?

· 电视剧、电影中有没有和我很相似的角色，是什么?为什么你会这么认为?

· 我的知识技术、专业能力还有哪些需要进一步成长、成熟的?

· 我有什么与众不同之处?

· 哪三个词适合用来形容我?

【练习4】三分钟营销

用“三分钟营销”的方式练习回答“我们为什么要雇用你”这个问题。全过程不断进行镜中练习，或是录制下来进行回放。可能的话，请亲友或职业顾问提意见。

【练习5】企业分析

查询目标公司相关信息，或借助校友资源获得一手信息，完成企业评分表：

· 企业概况

· 发展历程

· 主要领导

· 企业愿景、使命、价值观

· 企业文化、司训等

· 市场份额、竞争对手

· 组织架构及目标岗位位置

· 员工发展政策

【练习 6】模拟面试

利用学校就业指导中心、求职培训机构等相关资源，进行模型电话 / 网络 / 一对一面试（至少一次）。与面试官进行复盘并确定至少3条改进建议：

1.____

2.____

3.____

【练习 7】随身推介包

准备随身推介包，让它们或者在手机里可以随时发送或打印，或者就在包里可以随时取出，像发“小广告”一样推介给 HR/ 猎头 / 招聘经理：

· 名片

· 证件照、生活照

· 一页纸简历

· 个人简介（200字以内）

· PPT 版个人简介

· 漂亮的手写签名

· Brag Book（纸质 / 电子版个人成就展）

第4话

关于包装·如何成为有层次的职场人

How to React to the Face-Dominating World?

尽管行为学家们想尽办法破除面试中诸如“晕轮效应”这种偏见的形成，但是，不可避免地，面试是一个主观过程——除了实力，面试官有时也看“脸”。然而，“脸”可不仅限于“颜值”，而是涵盖了仪容仪表、精神面貌、职业服饰、职业体态等多层次的外显特征。求职者也不要简单地用迎合的态度去面对这个“看脸的世界”，而是应该心怀对自己的“自重”，对别人的“尊重”，对事业的“敬重”，对职业形象进行系统性的维护升级，打造一个由内而外，由心态到气质，由气质到行为，由行为到气场，多层次的、闪耀着Professional（职业化）光辉的职场人。提醒求职者，特别是理科背景的求职者，不要觉得“技术人员不需要看脸”，职业形象的包装维护不拘泥于行业、职位、年龄、性别，因为它体现着一个人积极的职业态度与修养修炼。

仪表服饰礼仪

IT 行业有个笑话：微软的工程师和 IBM 的工程师相约碰头开会，为了让对方感到舒服和受尊重，他们决定遵循对方公司的着装规范（Dressing Code）——于是，微软的工程师西服革履地来了，而 IBM 的工程师穿着 T 恤牛仔裤。尽管做了努力，然而两个公司不同的着装规范依然让他们的穿着大异其趣。诚然，由于行业、企业、场合不同，着装规范存在差异，但在求职过程，考虑与所处环境、社会角色、自身条件、穿戴时节，求职者应符合基本的职场着装规范。

- **对于女生**，可以选择西装套裙、西装、小黑裙（有领有袖），穿包脚趾的正装鞋。整体颜色不要过多，配饰（含眼镜、手表、美甲）等不超过4处，发型、妆容大方端庄。需要特别注意的是领口位置不要过低，裙长达膝盖以下，面料不要过于透明，裁剪不要过于紧身。

- **对于男生**，可以选择深色西装、浅色衬衫，搭配领带、袖扣等配饰，深色鞋袜。需要特别注意的是，西装袖口商标要取下，衬衣袖口要长出西装袖口1.5厘米左右，西装最下端扣子不系，西装里面不要穿毛衣及能露出领子的或深色的内衣，西裤裤长以到正装鞋跟为宜。

另外，求职者不一定非要使用香水，如有需要可以选择淡雅型的；不要在笔、面试考场，等候室里更衣、补妆，如有需要，请使用卫生间、更衣室。

身体语言管理

人类的身体很奇妙，它像一台忠实的机器，忠诚于心情和态度。心理学、微表情学、测谎技术越来越被大众所熟知，它们的广泛应用说明：无论人类如何通过指挥大脑去欺骗与矫饰，身体却像一个无法关闭的传送器，无时无刻不向外界传递真实的心情和状态。目光与面部表情、身体运动与触摸、姿势与外貌、空间距离等非语言信息，不断向外界传递情绪和感受。沟通中，凭借对方的身体语言来探查动机、校验与语言信息的一致性，可以了解他们真实的态度与想法。

求职过程中，不仅是仪表服饰礼仪，合宜的身体语言表达也可以帮助别人更好地认识自己，证明专业态度，展现沟通魅力。如有企业开放日、面试等面对面沟通的机会，建议求职者先对着镜子反复演练，不仅要关注沟通的内容，还要力求做到自然、清晰、尺度合宜地用“身体”说话。

那么，如何用“身体”说话呢？

人际距离。面对面沟通的情境下，身体语言的礼仪尺度是按照与对方的距离来衡量的。美国学者霍尔经过研究提出了四种人际距离，而在求职中，主要涉及的是公众距离与社交距离。公众距离是指在正式场合中的人际距离，通常为3.5至7.5米，比如校园宣讲会、求职论坛、就业讲座等，此时演讲者的沟通往往是单向的。社交距离是彼此认识的人们的交往距离，通常为1.2至3.5米，职场沟通多发生在这个距离，比如面试、企业开放日的互动等。再近一些就是私人距离的范畴，通常为0.5至1.2米。不过，进入私人距离并不只是亲属和密友，当有人挑衅或吵架时，也会侵入别人的私人距离，正是这种关系与距离的矛盾才会令人引起不悦，激发冲突。这就提醒我们，不要在职场环境下轻易地进入私人距离，对面试官来说，有可能已经感觉到被冒犯了。

体态。人际距离的把控靠大脑掌握，而对距离细微的调节就靠身体姿态。为了展现亲和力，拉近与对方的关系，可以通过调整体态来人为地适度缩小人际距离。比如在校园宣讲会上提问题的时候，同学们可以尝试站起后适度前倾上半身，歪一点头，做一个微倾的“探出”姿态，这就是一个主动拉近距离的信号，是用站姿向对方致敬。坐姿也是一样，很多职业顾问会建议求职者在面试中坐在座椅的前二分之一处，为什么呢？因为这样可以适度拉近与面试官的身体距离，大概15厘米，于是就比其他人多了“15厘米”的亲近！

虚拟接触。既然不能贸然进入对方领地，除了略微拉近距离，还有几种办法可以与对方建立虚拟的或是暂时的接触，那就是人人都能办到的微笑、目光接触与握手。微笑能够通过展示友好与自信，营造轻松的沟通环境。目光接触，是指将坚定的、自信的目光停留在对方眼睛上大概5至7秒，保持聆听姿态，从而让沟通双方确认信息传递畅通。沟通结束后，求职者可以主动伸出手，稍用力与对方握手，大概停留2到3秒，同时保持目光接触或口头致谢。此外，在沟通中，特别要注意消除其他干扰信号，如手指乱动或是抖腿，这些都会引发对方对人际距离的质疑——“这是不是准备进入我私人领地的信号？”，从而让对方感到不适。

在面试中，求职者要将身体保持在公众距离、社交距离范围，关注自己的表情、目光、握手，达到不断拉近沟通双方距离的效果。良好的身体语言展示了求职者在职场交往中“知进退”、“顾他人”，体现出自尊和礼仪风度。

声音管理

加州大学马哈宾博士通过研究发现：在沟通中，人们传递的信号有三种，即3V信号——视觉（Visual）、声音（Voice）、语言（Voal）。视觉，即职场形象，语言，即沟通内容，这两种前面都已经介绍过了，那么还有一种信号就是“声音”。声音之所以重要，是因为它在形成第一印象的过程中占到了40%的比重。在求职过程中，声音管理是对语音、语调、语气、语速等的把握。

构成语音的四要素有音高、音强、音长、音色；语调在中文里就是抑扬顿挫，英文里就是重音、断句；语气是指通过控制语音、语调等传达的心理感受，带有浓郁的感情色彩；语速是说话的频率。具体地落实在求职中，要根据情境去调节这些声音特性，更准确地传达信息和态度。

第三章第2话曾经引述过一位人力资源管理专业毕业生悠然的职业理想：“我立志成为一名优秀的人力资源管理者，成为达成组织使命愿景的战略合作伙伴，成为助力员工职业生涯成功的专业顾问。”

那么在面试中，悠然应该怎么说呢？

首先，语音应该温柔而坚定，传递亲和力的同时，也体现对工作机会的严肃态度。

其次，用提高音调、加重语气、降低语速的方式强化关键词，如“我立志成为一名优秀的人力资源管理者，成为达成组织使命愿景的战略合作伙伴，成为助力员工职业生涯成功的专业顾问。相信××企业就是我梦想开始的地方，希望能有机会加入你们这样优秀的团队！”

最后，语速平稳，不要太快，到结尾处应该更慢一点。吐字要清楚、明确。

职场心态建设

讲到职场心态，有个“读者体”的名段子，说的是一位木匠学徒出师了，准备抛弃自己的师傅，跳槽去另一个东家。对于他的背叛，师傅并没有表现出不满，而是要求他再帮自己建一座房子，就可以离开。于是，徒弟漫不经心地敷衍行事，连最拿手的木匠活也不用心了。交工时，师傅说：“你在我这辛苦多年，应该得到一座房子，这便是我送你的礼物。”

职场心态就像是海面下的冰山，无时无刻不影响着外露的部分，于是种瓜得瓜、种豆得豆……学徒不要怪师傅戏弄，求职者也不要总是吐槽 HR 看脸，有的时候，他们只是在试炼你的态度与动机。

求职者在求职的全程应该秉持自尊、自省、自励的态度，正确处理好自己与用人单位、目标职位的关系，自己与竞争者的关系，自己与得失的关系，现在的自己与未来的自己的关系。职业生涯的宏伟目标欲速则不达，希望求职者能够淡定面对。

作为职场新人，可能没有足够的知识技能背景，也没有丰富的工作经验，看似是个短板，但是也有人生其他阶段无法比拟的长板，比如精力充沛、了无羁绊、学习能力强、适应能力强。即使在做个体比较时，有这样或那样的短板，也不要气馁，要用发展的观点看待自己，要用积极的行动鞭策自己，持续不断地努力，利用碎片时间学习，这些都能帮你超过竞争者，超越自我。要从时间、空间、群体的角度，把自己看成一个充满了变化、正在发展的个体，暂时的高潮和低谷都只是人生阶段性的体验，既不要妄自菲薄，也不要盲目自大。

保持良好的求职心态，有7个小窍门：

1. 记住你已足够强大；

2. 拥抱生活，无论顺境还是逆境；

3. 尝试管理你对顺境和逆境的反应；

4. 没有人是完美的，万事不必苛求；

5. 爱自己；

6. 保持冷静、理智；

7. 享受你的职业生涯，不要被它奴役。

第一印象管理

第一印象的形成是一件很“唯心”的事，在几分钟甚至几秒钟内就会被对方打上各色标签。而打破这些标签通常要花相当长的时间，这是不是歧视，是不是偏见？然而，不止是职场，在生活场景里，这样的事也时时刻刻都在发生：

试想，你登上一架飞机，坏消息是接下来的旅程会相当漫长，大概十七八个小时，好消息是你可以自由选座。那么，在以下5人中，你会选择坐在谁的旁边去消磨这一天的光阴？

· 带着婴儿的单身妈妈

· 衣衫褴褛的难民

· 带着耳钉的光头萝莉

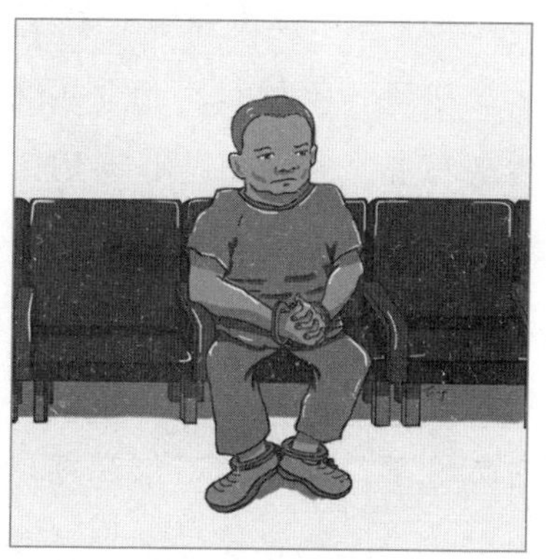

· 戴着镣铐的重刑犯

· 中东妇女

现在，让我们来揭秘这些看起来恐怕“不受欢迎”、“生人勿进”、“神秘”乘客们的真实身份：

J. K. 罗琳，魔幻巨著《哈利·波特》的作者，历史上第一位十亿册畅销书作者，创办了多支救助妇女儿童的基金会。可是别忘了，1995年前后，她还是一个领着政府救济的单亲妈妈。

哈尔伯特·爱因斯坦，诺贝尔奖获得者，提出了伟大的相对论。1938年，这名德国裔犹太人以难民身份，从德国逃到了美国，开始在普林斯顿大学执教。

艾尼·艾尔·阿纯莎，年仅5岁的癌症患者，在化疗中她掉光了所有的头发，然而依然葆有一颗爱美之心。

纳尔逊·曼德拉，南非国父。在任职总统前，曼德拉是积极的反种族隔离人士，同时也是非洲国民大会的武装组织民族之矛的领袖。当他领导反种族隔离运动时，南非法院以密谋推翻政府等罪名将他定罪，曼德拉在牢中服刑了27年。

马拉拉·优素福·扎伊，在塔利班禁止斯瓦特地区女性接受教育的恶劣环境下，马拉拉不仅继续学业，还致函外媒，为巴基斯坦妇女和儿童争取权益。她曾获得2013年诺贝尔和平奖提名，是当时该奖项史上最年轻的候选人。

在选择有限的情况下，大部分人会选择那些看起来风险低的个体，招聘也是一样。恰似一段航程中同座人的选择，选择和谁一起工作，也是每个HR和招聘经理所要做出的决策。只能说，“第一印象”再不靠谱，在一段时间内，它也会影响HR和招聘经理的判断与决策，与其花时间破除偏见，不如尽可能降低偏见产生的可能。只要对仪表服饰礼仪、身体语言、声音管理、职场心态等方面秉承原则，多加训练，打造良好的“第一印象”并非难事。

第5话

关于过程·来，我们确认下眼神

How to Better Act in the Job Interview?

前面几话所有的内容都在帮助求职者体验求职的“台下十年功”，现在，终于要粉墨登场了。大家的行头都装备好了吧——从了解就业市场这个坐标系，到确认自身定位坐标；从职业兴趣、性格气质、动机、价值观，到确认自身职业目标与规划；从笔试、面试等招聘套路，到求职文案、心态、造型等硬货储备；从胜出案例，到崩人设大坑；从价值观，到方法论……胸有成竹、整装待发，就等着起范儿上台，会会面试官和其他竞争者了。

面中管理

当面试官的目光都聚焦在你身上时，厚积薄发的时刻终于来临。那么，除了脑海中的职业目标、简历、案例等，还有三件事始终打着“双闪”，提示你、警醒你时刻注意：

① iBody——我的身体语言管理

· 微笑

· 与面试官保持适当眼神接触

· 进门打招呼、握手

· 坐姿端正，身体微向前倾

② 我的“闪光点”

第三章第1话曾分享过一个“唯一问题”案例，面试官星期五由始至终让求职者悠然介绍自己。在复盘总结时，着重强调求职者一定要认清优势，并总结成为自己的N大“闪光点”，想方设法在面试中呈现出来。对，牢记这些“闪光点”！在听清面试官提问的那一刻，也要同时问自己：“通过这道题，能秀自己的哪个‘闪光点’？”竭尽全力把这些“闪光点”推送给面试官，不止不休。

“告诉你，我能行”是一种重要的自我营销心态，更是一种主动引导面试官，发挥自身影响力的“格局”。这种格局推而广之，决定了求职者在未来职场中对待领导、同事、客户、合作伙伴的态度和能力，因此这也是打动面试官的最重要因素，没有之一。

③ 我叫“不紧张”

有个成语叫“无欲则刚”，保持淡定最好的方式就是暂时忘却结果。大家可以尝试在面试中，把心态设定在“双向选择”，把“被面试官面试”看成反向的“去面试面试官”，看看他们是不是合格、理想的雇主。求职者可以淡定地回望面试官，充分沟通，做到“不卑”；同时，想想那些成熟的、结着饱满果实的小麦低着头的样子，记住自己初入职场，低调稳健地言之有物、言而有据，不浮夸、不炫耀，做到“不亢”。不卑不亢的状态，即为不紧张。

由于面试形式不同，除了面试官与求职者，面试中也可能掺杂其他影响因素：群体面试时，其他求职者的参与增加了很多变数，缩短了分配给自己的有效面试时间；电话面试时，切断了面试官与求职者沟通的视频信号，降低了沟通效果。那么，在这些场景下，又该如何应对呢？

群体面试

群体面试即同时有多个求职者参与面试，他们在类工作场景中彼此配合完成任务，或通过头脑风暴（无领导小组讨论）的形式研讨与决策。比如销售岗位的群体面试中，要求求职者们在限定时间内完成并演示对一款产品的营销方案；技术岗位的群体面试要求共同完成一个简单的编程与测试项目。无论主题、形式如何，群体面试的目的，无外乎是观察、评判求职者在工作群体中的角色融入、沟通风格、合作能力、观点水平，看看谁在职场中表现更突出。不同形势氛围下，策略选择非常重要，将直接影响面试效果。

① 合作模式

合作模式是指多个求职者共同完成管理任务。俗话说“不想当将军的士兵不是好士兵”，在群体面试，比如管理游戏中，涌现出的“领导者角色”肯定最为亮眼，他们逻辑思维清晰、沟通能力强、有组织意识、能够发挥影响力，似乎是面试官的宠儿。但是，在未来的职场及当前的群体面试中，除了那些针对“管理培训生”等明确要求“领导力”的目标职位，在面试中充当“领导者”未必是唯一的或最优的选择。不要说“领导力”可能并非面试官的考察重点，单单考虑“初出茅庐的新人”这个天然人设，其他角色就可能更“匹配”。所以，与其非要争当“领导者”，不如选择更切实温暖的“合作者”，如清醒的计时者（积极的推进者）、扎实的执行者、思辨的风控者、亲和的总结者……

- **“清醒的计时者”**（“积极的推进者”）这种角色适合内向、不爱发言的“小透明”。他们在面试官布置题目时就非常重视时间节点与目标要求，会承担计时的任务。茫然无措、无话可说时，大可以提醒时间节点、汇报进度，确保项目如期交付。但如果过于单一地担任计时者角色，那么也很难刷到存在感，因此必须努力体现“积极的推进者”的人设内涵，也就是关注“进度”，善于倾听、做好提醒与汇报，做简单的角色分配并说服他人配合，努力协助团队实现目标要求。

- **“扎实的执行者”**这种角色既适合内向的人，也适合富有创新精神、有能力的求职者。由于工作场景最终要落实在成果绩效上，因此“说”得再多，也需要动手执行下去。必须注意的是，内向的人在“执行”的时候要注意多沟通，顺应团队共同守望的目标；富有创新精神的能人在“执行”的时候，既要发挥出谋划策的优势，也要注意尊重团队共同决策，随时确认自己落实的方向无误。

- **“思辨的风控者”**这种角色适合逻辑思维、沟通能力双优的勇敢者，他们能够正确解读面试官意图，把握大方向，发现新症结，敢于发出不同的声音，说服团队成员，给出解决方案，操作得当的话，将为个体及整体团队绩效加分。但是，他们要注意两个极端——既不要过分“我执”，钻牛角尖、放大细节，也不要一味“认怂”，过分迁就，无法坚持自我、坚守底线。

- **“亲和的总结者”**这种角色适合语言组织能力、沟通能力强的求职者。他们注意倾听、记录每个个体的观点，能够阶段性地确认大家的意图，营造良好的合作氛围。他们也能在交付过程中侃侃而谈，汇报工作成果。但是对他们来说，要特别注意对“亲和”的把握，因为他们承担了收集、加工、传达团队成员观点的角色，所以要注意提炼要点，而不是简单地加总和重复。

此处仅仅是抛砖引玉，讨喜的人设比比皆是，希望求职者在认清团队目标后量力而为，结合其他组员情况，找到合适的角色并尽快建立“存在感”——无论是在沟通中，还是在操作中，“存在感”的分量都是一样的。最后，不管题目有多难、队友有多坑，始终要记住的是，坚守“合作、共赢”：“合作”即相互尊重、配合，适当退让、妥协；“共赢”即控制节奏、效率，重视管理风险，保证如期交付。

② 座谈模式

座谈模式，如无领导小组讨论、头脑风暴等，相对来讲任务更单一一些，主要是发表观点，进行决策。面试官会根据求职者观点的高下以及发挥的作用进行评估。这时，“说什么”、“怎么说”就成了关键。

· **“说什么”**：构建发言内容前，一定要听清问题，太多求职者对问题想当然，缺乏“解读”的过程，失之毫厘，谬以千里。内容的构建无外乎两点——世界观、方法论。“世界观”即“你是怎么认为的”，当然，除了观点，还应该包括“对还是不对”、“匹配还是不匹配”、“可行还是不可行”的判断。“方法论”即“你计划怎么落实”，包括落实计划、所需资源、风险考量等。

· **“怎么说”**：包括发言的顺序及侧重点等。有的面经建议同学们一定要第一个发言，认为面试官精力、注意力有限，应该打头阵吸引注意力，或者担心自己的观点被别人发表了，结果落得无话可说。然而，真正吸引面试官注意力的是“世界观”与“方法论”，发言的顺序必须以认真思考、得出完整答案为前提。有时候，比较有创意的想法压轴来说会带给面试官更强的冲击力，千万不要一味追求短、平、快，而忽略了对内容的把控。

案例：某新能源集团企业文化建设岗位的群体面试中，面试官要求求职者在该企业的10条司训中任选一条，谈谈如何落地。下面比较一下两位求职者的回答：

姜堰：“我认为司训中最打动我的是‘以人为本’。我们应该重视在工作中培养员工的使命感、归属感、责任感、荣誉感及成就感，让员工成为企业成长的动力源泉。我们可以通过大量的资料和文件宣传员工责任感的重要性，管理人员要给全体员工灌输责任意识，危机意识和团队意识，要让大家清楚地认识到企业是全体员工共同的企业，只有每个人在自己的工作岗位、工作领域多做贡献，多出成绩，才能与企业共同成长、实现共赢。”

吕青：“我同意姜堰的观点，我也选择‘以人为本’这一条。‘以人为本’只有尊重员工、与员工共同成长才能真正落实。首先，‘以人为本’要了解什么是‘人之根本’，这个可以通过定期进行‘员工满意度调查’来了解员工的真实需求，结合对性别、年龄段、司龄、部门等横向交叉分析和时间轴的纵向观察对比，将培训、薪酬激励、晋升计划与员工不同层次的需要结合起来，实现有限资源的合理配置。其次，要注重构建不同层次员工的展示平台，比如可以组织体现中层领导力的‘大咖秀’，请部门领导根据自身优势，或牵头登山，或分享职业生涯发展，通过不同主题的团建、培训，给他们展示领导力、凝聚队伍的机会；再比如组织‘青年员工议事会’，邀请基层青年员工真正参与公司大政方针的制定和执行，让战略执行接地气，有新意。从‘听声音’‘建舞台’两方面把企业人本主义落在实处。”

两位求职者都首先解释了自己对“以人为本”的理解。随后，姜堰落实在价值观教育上（注意使用的动词词汇——“重视”、“灌输”等），给出了方向性、指导性的意见；

而吕青的回答则更为具体、可落地（注意使用的动词词汇——“调查”、“分析”、“观察”、“对比”、“构建”、“组织”、“邀请”等），给出了一个方案列表：

· 进行阶段性的“员工满意度调查”

· 组织中层领导“大咖秀”

· 组织基层青年员工“青年议事会”

· 标语、口号雏形：“听声音、建舞台”

通过对比，求职者吕青“方法论”类型的回答使用了更多的动词，传达了更多“执行”的意味，通过对工作方法和活动的举例，让面试官感到他不是空谈，而是非常接地气地去设计并落地。因此，答案很好地展示了吕青对企业文化“解读”和“落地”的双重功力，二者高下立现。

电话面试

只要是找工作，基本都经历过“电话面试”，电话面试便利灵活、降本增效，因此常被用人单位用来做第一轮沟通。电话面试的问题主要集中在自我介绍、优/劣势分析、相关经历背景、薪酬要求等，目的依然是做“减法”（shortlist），特别是根据求职者的沟通能力“做减法”。然而，求职者想在电话中构建鲜活的职业形象十分困难，因为只能依托“语言”这个单因素来塑造——成熟的还是质朴的，本地人还是外地人，自信的还是紧张的，言之有物的还是夸夸其谈的，通过语音、语调、用词、节奏、内容逻辑结构都能传达出来。这里有几个小技巧，襄助求职者一臂之力：

技巧1：利用场地优势，用体态引导语言。大家可以在电话面试时尝试站起来，看看窗外，甚至溜达几步，克服紧张情绪，营造轻松的氛围。拿着电话的同时，也要保持微笑，这样会让声音更加放松、温暖、友好，从而展示自信、积极的气场。

技巧2：手持简历或资料。电话面试中最大的利好就是“开题考试”，可以随时手持简历、案例、企业分析、申请表等参考资料，还可以做笔记，便于记录问题，更好地解读面试官意图。但是，注意可别滑向另一个极端——“读”资料，呆板、生硬、答非所问，都会让面试官顿失兴致。

技巧3：有计划、淡定地展开。有时候，电话会突然响起来，这时一定要“缓”，求职者可以托辞场地不方便，哪怕争取十分钟的时间，也要确保找到安静的场地，打开自己的简历、在求职记录里确认申请职位、浏览申请时提供的资料/开放性问题答案/企业概况、调整平复心情，然后再开始电话面试。

面后管理

走出面试考场的一刹那，所有的小细胞都在欢唱——终于结束了。然而，面试结束了，并不意味着“完事儿”了。面试结束以后，同学们至少应该做两件事：

- 给面试官 / HR 发一封感谢信
- 面试复盘、做笔记

感谢信

赶在正式雇佣决策之前，尽快发一封感谢信吧。这封感谢信至少有两个意义：① 提醒面试官你是谁；② 面试时有哪些忘记的或是值得强调的，可以借机补充。

感谢信不仅是周到、专业的职业精神的体现，还可以传达迫切的求职意愿。面试官在决定一个求职者是否进入下一轮面试或是做招聘决策时，经常会犹豫不决，恰到好处的示好说不定就能得到意外的效果呢！

感谢信可以这样拟定：

- 致谢：如“感谢您在今天上午拨冗面试了我”，或“很高兴与贵企业面试官就 ×× 岗位进行了沟通”等。
- 表示兴趣：如“我对 ×× 岗位的机会特别感兴趣”，或“我认为能够很好地胜任 ×× 岗位的工作”等。
- 表示期待：如“希望能尽快收到您的回复”，或“希望能成为贵公司的一分子”等。

· “打高光”：再次强调“我是谁”及“我的闪光点”，还可以补充面试现场遗漏的信息，如“在我们谈到外派机会时，忘记提到现在每周两次的法语学习，这将有助于将来在海外工作，希望在您能决策时加以参考”。

比起程式化的感谢信，还有一种更激进的方式，叫“本·富兰克林”式反馈，即除了在信中致谢外，进一步凸显自己的优势及与目标职位的匹配。它一般包括：

· 自身能力与任职资格的“匹配度分析”，可以通过图例、打分等更形象的方式诠释“匹配”；

· 上架一些没来及在面试中表达的行为证据（事例、荣誉、成果等），可发送电子版“随身推介包”（第3话练习7）；

· 推荐雇主“试用”，如提出愿意以实习或兼职的形式请雇主“试用”自己。

做笔记

做笔记就是进行面试复盘，锁定成功秘诀，寻找失败原因。求职复盘的具体过程可在第三章第1话查阅，现划重点如下：

· 面试官及接触到其他企业员工的姓名、职衔；

· 回答得比较理想的问题及答案，以便后续套用；

· 没有机会“秀”出去的亮点；

· 不该说的话；

· 激起面试官明显回应的内容及优化方案。

成功的面试案例分享

这一节将完整复盘一次成功的面试经历，从面试前的各项准备，到面试过程，到后续反思。还记得给自己争取到学费减免的小鲁同学吗？这里要分享的正是她在争取奖学金时的面试经历。

大家可能会有疑问，为什么要分享奖学金面试经历，而不是求职面试？原因主要有三点：1.C 奖学金在筛选候选人时构建的能力素质模型非常简单，便于展示准备的过程；2. 小鲁在英国攻读人力资源管理课程，特邀授课专家中正巧有一位担任 C 奖学金面试官的培训师，因此面试复盘得到了权威的点评和反馈，便于确定和分享制胜操作；3. 奖学金面试与求职面试存在相似性，在通达面试技巧后，具有多情境的可复制性，便于扩充用途。

希望通过对成功案例透彻的分析，能给求职者留下更生动、深刻的印象。也让大家了解，面试不过是场开卷考试，知己知彼、明确目标、充分准备、临危不乱，百战而不殆矣！

人设

2013年，小鲁在某金融机构（事业单位）工作，绩效良好，雅思成绩7.5，具备了被单位推荐参加英国 C 奖学金项目的资格。她硕士研究生毕业，所学专业为企业管理，工作后一直从事招聘、培训工作，兼任部门工会主席。此次申请奖学金是希望能赴英取得人力资源管理专业的第二个硕士学位。

背景

与美国“富布赖特奖学金”类似，英国 C 奖学金是英国政府面向发展中国家提供的最重要的教育资助，资助在各个行业领域具有一定工作经验，并有潜力成为行业领导人的申请者，前往英国学习深造一年。C奖学金会着重评估申请人的个人素质、职业背景、理想抱负、学习能力和英语水平。

面试准备

· **分析C奖学金筛选标准**。首先，核心能力要素为“领导力”（Leadership），在C奖学金官网首页中，可以看到目标人选是“future leader and influencers from all over the world to develop professionally, academically, network extensively”，即“全球未来领导者及具有影响力人物”。通过资助他们进行专业学习，发展职业技能、学术水平，并以此形成全球校友社会资源的共享网络。推测筛选能力素质要素包括领导力、适应能力、沟通能力、学习能力、全球化心态、职业目标及生涯规划等。

· **浏览官方网站**（C奖学金网站、英国驻华使馆网站等），以确定英方关注的中国话题，特别是经济、政治、文化的相关话题，如网站转载的中国两会、中美光伏大战的报道。

· **查找资料**。针对中英关系、贸易战、人力资源管理工业界及学术界最新成果，查找、熟悉相关资料。

· **搜索求职资料库，抓取关键信息**。小鲁从自己的求职资料库中抽调与职业目标、学习能力、适应能力、沟通能力、商业意识，特别是“领导力”相关的案例进行回顾。

· **与历届奖学金学者面谈取经**。小鲁与取得联系的几位奖学金学者进行了沟通，了解了他们的面试情况和学习情况，对选拔面试、赴英后的学习和生活挑战有了大体认识。

· **修改简历，准备文字资料**。申请奖学金要提供大量的申请资料，除了既往学历、成绩单，还要准备学习计划、个人经历，回答开放式问题。小鲁不但围绕能力素质模型进行了针对性、客户化的简历优化，还请留英的朋友同事帮忙对语言、内容、逻辑进行把关。

· **模拟面试**。由于自己就是做招聘工作的，小鲁没有请外援，在推测、设计了模拟面试题后，进行了对镜模拟练习。面试题目主要包括3个部分：

① 我是何许人——自我介绍、职业目标与规划、留学对职业目标的影响；

② 什么是领导力——什么是“领导力”、留学对发展自身领导力的影响、如何通过自身发展来回报单位与国家；

③ 我配吗——对自身领导力的评价、能否顺利完成学业的评估。

· **其他准备**。小鲁平常比较女汉子，不太注意形象，但是面试前一天特意洗剪吹了个干练的短发、选购了合适的职业装。她还特意去大使馆踩点，跟传达室小姐姐确认了安检流程和所需时间。

面试前

面试当天，提前一个半小时，小鲁就在北京阳春三月仅有4摄氏度的清晨，瑟缩地穿着羊毛大衣、职业套裙和丝袜出征了。提前20分钟到达使馆门口，把嚼了10分钟薄荷味的口香糖扔进垃圾桶，从容进门安检。面试开始前10分钟，她已经坐在等候室里，抱着一杯温热的咖啡，暖好小手，准备见面试官了。

面试中

（以下为第一人称自述，并将英文面试翻译为中文）

面试室里共有3位面试官，经过介绍得知：坐在左手位的大腹便便的英国大叔是使馆工作人员，中间学者气浓郁的50岁左右的女士是国家留学基金委邀请的联席面试官，右手位20多岁的年轻女士是C奖学金管委会秘书。一进门，我就瞥到了英国大叔在我的简历上画了好多圈圈、线线和问号，一下子就觉得有底了好多，看来会按照预先推测的那样，按照个人背景逐步展开，准备工作没有白做。

开场白是中间的女士主导的："小鲁你好，欢迎参加C奖学金面试，今年全国共有3000余人提出了申请，能够进入面试的凤毛麟角，要好好把握机会。接下来的面试大概45分钟，用英语进行。首先请进行自我介绍。"

"各位面试官，我叫小鲁，来自××机构。2001年至2007年我在××大学攻读人力资源管理学士和企业管理硕士学位，毕业后就加入现在的工作单位，负责校园招聘、社会招聘以及'千人计划'高层次人才引进计划。由于单位从事海外金融市场投资，自2009年起，我就参与到海外人才招聘工作中，已经成功从海外人才市场招聘到了数十位优秀的金融人才。此外，我还担任部门的工会主席，发挥专业所长，通过组织各项文化活动，致力于提升团队凝聚力与员工满意度。由于工作表现出色，得到了领导和同事们的认可，才获得了此次推荐机会。"

紧接着，英国大叔就开始发问了："小鲁，我看了你的简历，发现在加入××机构前，曾在外企做过长达3年的实习与兼职，我很困惑，你经历了这么多优秀的500强跨国公司，为什么最终选择了一家事业单位呢？"

听出来了，这是质疑我贪图事业单位所谓的"一张报纸一杯茶"的清闲呢！

"是的，每一家我工作过的优秀500强企业，我都在其HR团队中至少工作了半年以上，有的公司甚至做了一年多，而得益于弹性工作制和网络办公，每天的平均工时都能在6个小时以上，因此我自认为在毕业之前，对企业和岗位的认识无异于一个工作过两三年的职场人。这几年的经历非常宝贵：认识了我的职业导师，适应了职场规则，学会了基于网络系统办公，也看到了很多经典人力资源管理理论在500强企业里的应用。我受到了很大的触动，对人力资源管理专业产生了更浓厚的兴趣，于是总跃跃欲试地想做点什么。诚然，之前实习过的企业是非常接受和包容创新的，即使对我这个新人，也给了很多机会，比如在2004年在校园招聘项目的'管理评价中心'中部分采纳了我的提案，2005年实习的公司成立了'实习生委员会'，我担任了第一届会长，通过组织培训和每周活动提升实习生的活力和能力。但是，优秀的全球化企业受科学管理原理的影响，将每一个岗位责任细分并固定下来已久，每个员工就像一台复杂机器上的小小螺丝钉，首要任务是运转好，创新和尝试只是锦上添花，而我需要的是一片蓝海——我想做更多的事，特别是把见过的优秀企业实践带到本地的机构或企业中去。"

大叔继续追问："可是那些外企也有很多机会的，福利待遇也很好，你对你的选择后悔吗？"

"一点都不后悔：第一，我所在的机构目前也在尝试全球化管理，我看到过的、实践过的都可以直接上手，可谓学以致用；第二，不像成熟企业，我们还有很多未涉足的工作领域，让我能发挥更多的可能性和专业优势；第三，我的职业规划是成为一名优秀的人力资源管理者，能够真正地对组织发展和员工成长产生影响，如果这个目标和福利待遇相冲突，作为一名年轻的职业人，我会用更发展的、长远的眼光来看问题、做选择。"

在谈论了10分钟我的职业选择以后，英国大叔终于开始做沉思状，把提问权交给了中间的主考官，她继续问道："你以前没有过留学经历，凭什么认为自己能够完成海外的学习？要知道英国的硕士课程只有一年，课业将相当紧张。”

“一直以来，我对自己的学习能力、适应能力和承压能力都相当自信。首先，我有强烈的求知欲，即使是午休时间，我也会安排得满满的，要么是去上英语课，要么就是跑步到西单的Apple store（苹果产品专售连锁店）上1对1的培训课程，学习iMovie、Keynote这些看起来和工作不直接相关的软件。其次，我有持之以恒的学习态度，自从上班以后，担心工作环境中不使用英语会造成遗忘，于是每半年考一次雅思，以考促学。即使在最忙的招聘季，每天工作10小时以上，也从未间断。因此，我早适应了这种多元、高压的学习环境，养成了很好的学习习惯，像小组讨论、Workshop（工作坊）这些常见的英国大学学习形式，对我来说不是问题。”

主考官继续追问：“如果工作或学习任务特别有挑战性时，你能在截止日期之前完成吗？请举例说明。”

Bingo，上准备好的例子吧！

“我曾经组织过单位的运动会。去年，由于工会主席脱产培训，我临危受命，要在1个月的时间里完成全部准备工作。然而，在那之前，我还没有组织300人以上大型活动的经验。因此，首先，我去找工会主席取经，重点了解了组织流程和最困难的环节；其次，在征得采购与合规部门的同意下，延用了上一个年度的协办公司；再次，制定了时间表，与各部门定期召开组委会通气会议、推进进度；最后，取得阶段性程成果时，注意汇报工作。在运动会的前3天，大部分的工作任务就已经就位，后面的时间还可以用来制造一些小惊喜、小突破。”

主考官继续追问：“那学业上呢？”

“学业上，我的心态和习惯也是如此，比如研究生毕业论文打算做

‘企业如何在校园招聘中建立雇主品牌’的研究，于是在实习时，就提前利用‘职务之便’进行了摸底调查。写论文的过程中，也经常找导师指导，始终顺利推进，中期答辩和答辩之前，都预留出1~2周的时间做精修。”

主考官终于满意，英国大叔接下来切换话题：“‘领导力’应该属于你的专业范畴，你是怎么理解的？你认为自己具备领导力吗？”

Bingo，必考题来了！

“领导力其实谈的是个体在执行中展现的集约效应，一个个体具备什么样的能力才能产生足以影响其他个体和群体的力量，引领达成更优的绩效呢？这也正是我在既往招聘经历中，在求职者身上不断探寻的课题。后来发现有个流行的理论能特别形象地诠释‘领导力’，这要谢谢希拉里·克林顿，她的‘巧实力’激发了我的灵感。其实，‘领导力’首先来源于‘硬实力’，也就是知识、技能、学历、语言能力等，看看中国两院院士，看看TED演讲的各界大咖就知道，这是以‘才’服人；其次，‘领导力’来源于‘软实力’，也就是沟通协调、团队合作、时间管理等，看看马云、王石那些优秀的企业家就知道了，这是以‘能’服人；最重要的，‘领导力’来源于‘巧实力’，也就是对大局的把握，知道什么时间该说什么话、办什么事，这是以‘战略’服人。”

这时，我微微一笑，自信地继续道：“就比如，我的‘硬实力’和‘软实力’已经在申请资料、简历，包括刚才的回答里做出很多诠释了。那么‘巧实力’呢？在职业上升期最可能得到晋升的时候，不惜中断自己的职业生涯重返校园，这并不是所有人都看好、都有勇气做出的选择。我，看好C奖学金的平台和在英国的专业学习机会，并对它即将带来的红利深信不疑，因此愿意付出打断职业生涯的代价，这需要视野与格局，勇气与魄力，这就是我‘巧实力’的体现！”

千穿万穿，马屁不穿，英国大叔听得很入神：“小鲁，你这个说法很有意思，我还是头一次听到。那么，除了个人层面的‘领导力’，我们拓展到宏观层面，下面的问题是，‘两会’刚刚结束，如果让你给国家领导人提一个关于外汇储备经营管理的建议，你准备说什么？”

天哪，这个问题超出了我的专业知识范畴，纯属“意料之外”，最好还是“稳中求胜”：“据我所知，通过国家‘千人计划’的人才平台，我们已经将华尔街最优秀、资深的量化投资专家引进回国并执掌帅印，至此管理水平和业绩一直较为理想。我的建议是，既然投资系统、机制、团队已经进入了良性运转，效果也较为理想，那么就应该想尽一切办法继续使这个生态持续运作下去，包括对系统的校准与监控，包括对团队的培养、激励并留任，这才是回应持续动荡的国际金融市场最稳妥的操作。”

最后，秘书提问道：“你认为，中国在未来世界经济中应该发挥怎样的作用？”

我知道对这个问题，英国大叔可能更为关注，因为每一个奖学金学者都是中国向英国乃至世界展示自己的窗口，也是世界了解中国的桥梁。所以，这些奖学金学者的价值观和世界观一定要正。好吧，那这个答案要求“正”。

“中国在未来发展中应该努力承担三种角色：第一，熟悉规则系统的内行——在过去的几十余年里中国发生了翻天覆地的变化，取得了举世瞩目的进步。我认为，为了在世界舞台上发挥更大、更积极的作用，首先应该了解游戏规则，做一个洞悉系统与规则的熟手，更好地识别形势，把握定位，发挥更大效能。第二，尊重游戏规则的负责任玩家。既然成了熟手，除了更好地运用优势推动共同发展，还应该去守护良性运转的规则，更积极主动地成为秩序、规则、系统的保护者。你我都能看到，中国在世界舞台上已经具备了这样的力量，并且愿意去发挥作用促进和谐发展。第三，主动提出帮助的扶弱者。中国现在是世界最大发展中国家，在国家发展、民族富强的过程中也经历过诸多困难与挑战，也接受过比如英国等友好国家的各种支持。我相信，未来中国发展的主旋律肯定也包括将接受的帮助传递出去的意愿和努力，我工作的机构也承担着部分相关的角色，相信通过我们的努力，未来中国肯定会做得更好。”

下面，面试官表示即将结束，问我有没有问题。

“我想问问最终有多少人能拿到资助？”

秘书答道：“每年情况不同，今年申请空前火爆，突破了3000人。不过，好消息是政府间合作态势良好，资助人数至少会与前几年持平，大概在40人左右。”

面试结束。

面试复盘

比较准备的面试题与真题

在 Macbook Keynote 的应用里有个操作，叫作“神奇移动”：切换的时候，上一张幻灯片不同的项目，就在下一张里自动“分类组合”起来，同理：

备考	真题
我是何许人——	自我介绍
	为什么从外企去了事业单位
什么是领导力——	怎么理解“领导力”、你有领导力吗
	给国家领导人提一个关于外汇储备经营管理的建议
	中国在未来世界经济中应该发挥怎样的作用
我配吗——	从外企去了事业单位可曾后悔（引申出的“职业生涯和成功动机”）
	凭什么认为自己能够完成海外的学习
	如果工作或学习任务特别有挑战性时，你能在截止日期之前完成吗

回顾一下便能发现有趣之处，这也正是面试的神奇之处，秘密就是——这根本就是开卷考试！

面试成功是否仅仅属于优秀者

即使小鲁在她的专业领域已属优秀，但别忘了，从以往奖学金资助情况来看，还是更倾向于能对中英经济合作产生直接效益的候选人，比如具有政府、经济金融、媒体、医疗、教育、艺术背景的候选人，而信息技术、人力资源等专业此前一直不受重视。类比就业市场，即使学习成绩好的同学，也可能因为专业不匹配、社会资源差等原因并不受器重。所以，小鲁分析了形势后，并没有十足把握，于是将自己的人设定位在“具有领导潜质和全球视野，同时工作平台较好、专业素质过硬的蓝筹”。她自嘲地想：“除了给那些大宝贝机会，我赌他们愿意拿出1~2个名额来做点天使投资吧。”

致胜法门

在英国学习期间，小鲁有机会得到了特邀专家罗伯特的点拨。近10年，罗伯特每年要飞到英国驻各国使馆，对工作人员进行面试官培训，以进行C奖学金的选拔面试。他不但是一名优秀的面试培训师，同时也是英国业界知名的危机公关专家，BP石油漏油、黑莓手机“卖身”风波时，企业高管接受媒体质询之前都要接受罗伯特的“面试”辅导。罗伯特初见小鲁十分兴奋，毕竟他一直都是“出招方”，第一次见到了“接招”成功的学生，十分感慨！在饶有兴致地看完小鲁的面试复盘以后，罗伯特总结了三个关键制胜点：

- **抓住“领导力”的核心**。把“领导力”用流行概念解读出来的做法十分有趣，激发了这群有外交官背景的面试官的兴趣与共鸣。同时，特别轻松地将自身优势对接进去，相当于小鲁挖了“硬实力”、“软实力”、“巧实力”三个坑，然后把早就备好的干货一股脑去填了坑。节奏把握得很不错，干得漂亮！

· **善于举例子**。无论什么问题，都能主动提供行为证据。特别是在展现“领导力”时，不但有对群体活动的计划、管理、把控，也有自身的学习、规划与自律，还有职业规划、适应性、多任务管理、承压能力，还原了一个丰满的、有竞争力的人设。

· **回答开放问题时坚守原则**。开放性问题特别难把控，危机处理时也一样，一个不小心，就会落人口实。因此，对原则——“稳”、“正”的坚守十分必要。多用方法论回答问题，少用世界观暴露弱点。比如，回答“提建议”时，小鲁并没有尝试从外行观点进行解答，只是谈到了原则“维稳”，很聪明地回避了弱点；回答“中国的角色”时，考虑到西方最担心的就是“中国威胁论”，所以特别强调了大国的使命与责任，很好地安抚了这种焦虑。几道题的回答，扬长避短地给了对方想要的，内容很简洁，很集中，原则性强，方法论多，这很关键。

可能只有过招的感觉才会让人更兴奋吧，罗伯特还找当年的面试官，就是那位英国大叔，了解了一下小鲁：正是因为在面试中表现得非常突出，给几位面试官留下了深刻的印象，所以，小鲁以绝对优势，杀出重围，拿到了奖学金的资助。

推而广之

罗伯特给了我们很多启发：“大”到新闻发布会、外交谈判，“小”到和 HR 谈薪酬、申请奖学金；“公”到商业会谈、学术会议，“私”到相亲会友、跟着男 / 女朋友见家长；“复杂”到解决纠纷，“简单”到领会领导意图，哪里没有“面试”？处处皆为江湖！

这里，有两个关键词——“解读（Interpret）”和“三分钟营销（Elevator pitch）”，足以帮助求职者应对大部分“面试”场景。

- **解读（Interpret）**。Interpret 这个英文单词是“翻译”的意思，但更多地指“同声传译”，因此重视传递“意”，并不要求逐字逐句的翻译。所以，当沟通对象讲话或是问问题时，求职者要注重“解读”其超脱于文字本身的“意图”，了解对方真正想要的是什么。就像在饭馆吃饭，如果客人跟服务员说“你看着做吧”，你猜服务员会怎么解读？若是五大三粗的男客，他通常会说：“自家卤牛肉做得极好，切上二两，配上小菜、热酒可好？”要是温婉绰约的女客，他恐怕会换个说法：“这个季节鲜笋刚下，炖个鸡汤清淡营养，再配上些小菜果盘，姑娘可还满意？”因此，拆解对方意图的过程，“见人下菜”与“推荐所长”亦不可偏废。

- **三分钟营销（Elevator pitch）**。第五章第1话中有过介绍，这是一项简短明确的沟通练习。在面试中，“介绍一下你自己”、“我们为什么要雇用你”这样的问题，面试官希望得到的是纲领性或总结性陈词，相比起长篇大论，简历上的优势推广、LinkedIn（领英）的职业画像（Profile）更有借鉴意义，更能吸引对方注意力。无论场景，如果打算以 Pitch 的风格来回答问题，那么开头和结尾都很重要，需要特色；在主体内容里，要注意推介特长、价值、发展近况，给出合理、量化的论据；最后可以以一个问题结尾，以引发接下来更深入的沟通。

下面的案例中，求职者 Johannes 正在应聘一个市场营销初级岗位，大家来感受一下他充满着“Pitch 风”的英文自我介绍：

You might say I’m a consumer mind reader.

（您可以称我为“客户读心者”。）

“客户读心者”——有趣且纲领性开头，Bravo!）

At X University, my focus area was psychology because of my fascination with the consumer mind-set and why people choose one product over another. I’m also fascinated by how trends and viral campaigns develop and grow, and how to predict what will be the next new thing.

（在X大学，我的研究方向是心理学，因为我热衷解读消费者心理以及他们如何在进行消费决策。我也很着迷于“潮流”是如何形成发展、如何预知新事物的流行趋势。）

介绍教育背景及兴趣方向，且正是企业市场营销实务中最看重的部分。

I spent last summer as an intern at Company D, where I did market research on how to reposition a media company in the new digital media era. The summer before, I interned with a very smart, dynamic team doing market research on a hot sauce that’s more savory than anything on the market. Sales of ketchup and mustard are flat, but hot sauce is hot. One of our products that tested well was a hot sauce that had a tangy sweetness. Its tagline was, ‘Finally, a no-tear hot sauce.”

（上个暑假，我在D公司实习，针对一家媒体公司在新媒体时代中重新定位进行市场研究。此前，我在一支充满活力的市场团队中，研究辣椒酱在市场中独领风骚的秘籍。其中，有一款辣酱很好吃，是那种辣中带甜的口味。于是，宣传词设计成了“终于有吃了不会流眼泪的辣酱了！”）

介绍实习背景和对市场、产品的研究经历，真实的工作场景和工作成果往往最打动人。

My internships helped me find my calling. I learned how to get insights from consumers, spot trends, and develop new products. On a more practical level, I learned how to put together sales projections, competitive analyses and other analytical reports, so I'm confident I can hit the ground running. That's why I'm so interested in the position at your company. Can you tell me more about the marketing assistant's role?

（实习经历让我明确了方向，掌握了如何了解顾客的想法、流行趋势与开发新产品。更富实践意义的是，我学会了如何将销售预测、竞争性分析与其他分析报告结合起来，因此也更有信心能够旗开得胜，这也是我对贵公司职位感兴趣的原因所在。您能详细介绍一下市场助理的工作职责么？）

总结陈词，从市场知识与实务操作角度谈收获，展示已经具备初步的工作能力；以问题结束，延续沟通意图。

在小鲁的案例中，我们谈到过自己挖坑自己填（“领导力”由“硬实力”、“软实力”、“巧实力”构成，并将自身优势分类对接），而 Pitch 的目的就是迅速抛出挖好的坑，引发大型填坑运动。看看 Johannes 为自己挖的坑——趋势（Trend）、预测（Predict）、市场研究（Market Research）、实习经历（Intern）、观点（Insights）、分析（Analyses）……都方便面试官继续深挖，正中自己下怀。

☆本章小结☆

本章想要告诉求职者的是，面试准备绝不仅仅是看面试经验，掌握方法论、视情境运用，才是“以不变应万变”的黄金法则。这部分内容通过介绍工具、方式方法来帮助求职者理解应对策略，通过案例详解来帮助求职者消化使用方法，通过集中练习来帮助求职者get这些新技能。同时，还要铭记几个关键词：

解读——理解面试官的真实意图，有的放矢。

量力——从自身出发，遵从本我与初心，量力而行。

换位——站在对方的角度回看自身行为，增加视角。

不达目的不罢休——拿出勇气和气魄，相信自己，有闪光点就一定有展示它们的舞台！

How to Enhance Career and Professional Development?

第六章　拥抱 Offer

本章聚焦：

- 审慎进行就业决策
- 劳动关系文书及对应权益
- 劳动者基本劳动权益
- 职业生涯与终身学习

当收到 Offer Letter（录用函 / 聘书），相信每位求职者都会无比激动，因为它会带来一种空前绝后的满足感——

Veni, Vidi, Vici！（我来了，我见了，我征服了！）

我得到了一个工作机会，我获得了雇主的认可，我在就业市场拥有了一个属于自己的位置！

无疑，拿到 Offer 就掌握了主动权，之前是用人单位评判求职者，现在终于反客为主，选择权落到求职者手中了……

第 1 话

关于 Offer · 八字一撇缺个捺

What is a Job Offer?

工作录用函，即我们所说的“offer”，通常包括以下几类信息：

· 职位相关：录用部门、职位、用工形式、工作职责、工作时间、工作地点、直线经理等。

· 待遇相关：合同期限、试用期限、薪酬福利等。

· 确认方式：确认截止日期、确认方式、联系方式。

在收到录用函后，建议大家务必要认真阅读上面的内容，关键信息不清楚时，一定要与人力资源部门联系确认，特别是要明确：正式员工还是合同工，试用期及试用期待遇，薪酬收入组成和扣除，录用函回复的截止时间等。

审慎决策

拿到 Offer 总是令人欣喜的，特别是心仪雇主的 Offer 就更容易让人憧憬美好的未来……但是，先别高兴得太早——千万别被高大上的名头、体面的办公环境冲昏头脑，对雇主进行“背景调查”，理性决策势在必行。通过咨询人力资源部门获得正面信息也好，通过校友资源了解侧面信息也罢，求职者应该尽可能多地了解企业近况，并对如下问题的好恶及接受程度做出判断：

① 与工作相关

· 岗位级别及头衔

· 用工形式（编制外合同工 / 编制内正式员工）

· 录用岗位的工作职能（事务性与项目性工作比例）

· 最大的挑战与困难

· 学习、培训、轮岗、外派机会

· 小团队办公生态（工作风格 / 人际关系 / 沟通模式）

· 是否存在影响生活质量 / 生活方式的要素（出差 / 加班 / 工作地点相关的通勤成本等）

② 与企业相关

· 雇主品牌（平台 / 发展 / 历史 / 愿景 / 使命 / 市场地位与份额）

· 部门关系

· 领导及团队的沟通风格

· 员工职业生涯发展状况（比如倾向于内部提拔 / 外部空降）

· 办公环境

③ 与待遇相关

· 薪酬待遇（税前 / 税后）

· 其他货币化激励方式（津贴 / 年底双薪 / 奖金 / 股权）

· 试用期期间薪酬待遇

· 个税、社保缴纳情况（险种 / 比例 / 基数）

· 福利等非货币化激励方式（如班车、食堂、子女入学等）

· 能否解决户口

· 考勤、休假相关规定及待遇

④ 与劳动关系相关

· 在这个岗位上，是否有其他候选人备选

· 合同期限

· 劳动合同有否补充条款 / 协议（延长服务期 / 竞业限制 / 赔偿）

· 毁约成本

特别是有时候，求职者手握多个 Offer，就更需要在充分、可靠情报的基础上，进行综合评估：建议筛选出10个最关注的筛选要素，赋予权重，进行打分和排序，如下示例：

	雇主	职位	总分	工作职能	学习/培训	团队领导及人际环境	影响要素（出差/加班）	雇主品牌	企业文化	员工职业生涯发展情况	薪酬待遇	其他非货币或激励	落户
				20%	10%	10%	5%	5%	3%	2%	20%	5%	20%
1	A-MNC	管理培训生	86.7	90	90	80	50	100	80	90	80	80	100
2	B-民企	销售代表	59.5	80	90	90	80	70	70	70	60	50	0
3	C-银行	客户经理	78.75	70	70	70	80	90	80	80	75	65	100
4	…	…	0										

在打分的过程中，千万别忘了参考外援的意见，多咨询一下父母、好友、就业中心老师、职业顾问的意见，让就业决策更加理性客观（见第二章第3话）。

需要特别提醒的是，作为职场礼仪的一部分，无论是接受还是拒绝用人单位提供的工作机会，都需要求职者书面回复。回复时，可以简单解释原因，对用人单位表示感谢，“买卖不成仁义在”，大家江湖再见，还是朋友。

劳动关系文书

在与用人单位确认劳动关系的过程中，求职者有机会接触到一系列与就业权益相关的文书，如Offer Letter、劳动合同、就业协议书（三方协议）、毕业生派遣证（报到证）等。它们在就业过程中发挥着不同作用，也关系着毕业生的相关权益。

Offer Letter

Offer Letter通常是用人单位对劳动者发出的工作要约，大部分的录用函都是有条件的，比如限定的截止时间，受到民法、合同法规范。值得注意的是，仅凭Offer Letter并不能完全构成劳动合同关系，通常情况下，用人单位与劳动者需要双方签订一份经合议约定的劳动合同，劳动合同关系才算完整。

在此要再次强调：一般同学们收到的都是Conditional Offer，即有条件的录用函，《合同法》（第二十条）规定了四种情形下是会失效的：拒绝要约的通知到达要约人；要约人依法撤销要约；承诺期限届满，受要约人未作出承诺；受要约人对要约的内容作出实质性变更。可以这样解读：

· 拒绝了这份 Offer 就不能吃回头草了；

· 用人单位依法反悔（在信息化时代一般很难操作，因为要求撤回/撤销通知早于录用函到达劳动者）；

· 逾期不候；

· 劳动者对其中的条款进行了实质性、关键性变更。

因此，只要不超期、不拒绝、不更改内容，Offer 的主动权还是掌握在劳动者手里。

劳动合同

根据《中华人民共和国劳动法》（第十六条第一款）规定，劳动合同是劳动者与用工单位之间确立劳动关系，明确双方权利和义务的协议。劳动合同依法订立即具有法律约束力，受到《中华人民共和国劳动法》、《中华人民共和国劳动合同法》规范，当事人必须履行劳动合同规定的义务。

劳动合同通常在入职前或当天签订，内容包含合同期限、工作内容、劳动保护与劳动条件、劳动报酬、劳动纪律、终止条件、社会保险、违反劳动合同责任。按照法律规定，除劳动行政部门印制在劳动合同样本上的上述七项必备条款外，还可以对其他内容做出约定，或是签订补充协议，比如试用期及相关待遇、保守用人单位商业秘密的事项（竞业限制）、参加教育培训的相关义务、用人单位内部的福利待遇、房屋分配或购置等。因此，求职者不要认为劳动合同都是制式合同。特别要提示的，如果在劳动合同中明确做出过相关约定，用人单位可以要求劳动者在离职时履行竞业限制义务，或是培训后延长服务期，但是不可以借其他未约定理由延长服务期或是要求赔偿。求职者要注重提高法律意识及合同观念，保护自身劳动权益。

就业协议书（三方协议）

就业协议书，全称为《普通高等学校毕业生就业协议书》，是一份制式表格，是普通高等学校毕业生和用人单位在正式确立劳动人事关系前，经双向选择，在规定期限内确立就业关系、明确双方权利和义务而达成的书面协议。由于需要学校参与见证，并且作为编制毕业生就业计划方案和毕业生派遣的依据，因此除劳动者、用人单位两方外，毕业院校也需要同意并签章，因此俗称为“三方协议”。

通常情况是，毕业生收到Offer并决定接受后，就会把就业推荐表交给用人单位，若接收单位有能力解决户口和接收档案，再由学校、接收单位、毕业生本人签订三方协议。这个过程在很大程度上保证了用人单位不是非法组织。然而，说到“三方协议”就绕不开“毁约”的话题，由于Offer总有个先来后到，即使审慎决策也说不定在签完“三方协议”后，还会有更心仪的单位出现。这时，原来的三方协议是“保留”还是“毁约”就成了令人头痛的问题，建议操作如下：

- 在签订三方协议前，务必联系已经完成全部招聘流程但尚未出结果的最心仪的用人单位，直言已经拿到不错的工作机会，表示仍然愿意等待，提出尽快给予答复的要求。

· 如果最心仪的用人单位明确答复可以在近期给出最终决定，那么说服准备签约的用人单位再等几天，争取时间窗口。

· 把企业分析和打分情况再做一次回顾，仅保留三项最重要的指标，对比不同用人单位及 Offer。

· 一旦签约，就忘记其他工作机会吧。现在的人力资源市场自由流动的空间很大，在积累一定工作经验后，工作机会更多。

· 如果非要解约，建议与用人单位协商解决。此时需要付出解约成本的不止你自己，也不止约定的违约金，你的学校和师弟师妹们也连带承受着信誉与机会成本，因此千万要谨慎决策。

毕业生派遣证（报到证）

毕业生派遣证（报到证），是应届普通高等学校、应届普通中等专业学校毕业生到就业单位报到的凭证，也是毕业生参加工作时间的初始记载和凭证。派遣证（报到证）一式三联，毕业生持一联，毕业生档案中存放一联，单位存档一联。

派遣证（报到证）非常重要：毕业生凭此书面证明到用人单位报到；用人单位凭此为新员工办理养老保险和医疗保险帐户、办理户口的迁移及档案的转移；在人事档案中，派遣证（报到证）是普通大中专院校毕业生身份（干部身份）的证明，决定一切与之有关的待遇。

留学生派遣证（报到证）可在教育部留学服务中心办理。

人事档案

人事档案是中国人事管理制度的重要特色，它是个人身份、学历、资历等方面的证据，与个人工资待遇、社会劳动保障、组织关系紧密挂钩，具有法律效用，是劳动者保有各种关系、待遇的重要依据。在校期间，学生的档案会被保存在学校的档案管理部门。在招聘过程中，有的用人单位进行背景调查时会持介绍信来学校阅档，确认应聘学生的既往经历。就业后，人事档案会根据派遣证（报到证）信息转至用人单位的档案管理部门（可能是用人单位或其上级单位，也可能是用人单位协议的人力资源服务机构），若未能就业或超过一定期限未能转走的，校方会转至生源所在地。在此后的职业及个人生涯中，人事档案将作为个人干部身份、个人背景、退休待遇、出国政审及公证时的依据。

劳动权益指南

《劳动法》、《劳动合同法》、《社会保险法》及其他法律法规都在不断完善对劳动者权益的保护。在劳动市场中，职场新人法律意识淡薄，维权意识不够，在劳动权益受到侵犯时，经常委曲求全。在此将劳动者享受的基本劳动权益进行了整理，特别是提醒大家对经常遇到的问题一定要时刻提防，保护自己的合法权益。

· 劳动合同中只要在最后标出“以劳动合同内容为准”的，Offer Letter 等其他形式的协议就不再作数。因此，不要想当然地以为劳动合同的内容一定与 Offer Letter 相符，务必逐条确认劳动合同条款内容。

· 劳动合同不能借由落户、女员工结婚/生育等理由约定违约金、延长服务期等。

· 劳动合同期限三个月以上不满一年的，试用期不得超过一个月；

劳动合同期限一年以上不满三年的，试用期不得超过二个月；三年以上固定期限和无固定期限的劳动合同，试用期不得超过六个月。

· 劳动者在试用期“不符合劳动条件”被解雇，可以向用人单位要求解释缘由。试用期解约无赔偿金，也不需提前通知，但需要对劳动者支付劳动报酬，不得低于本单位相同岗位最低档工资或者劳动合同约定工资的百分之八十，并不得低于用人单位所在地的最低工资标准。

· 招聘宣传、面试通知等任何环节中，用人单位书面提出“男士 / 女士优先”等都属于就业歧视。

· 再次强调：劳动者每日工作时间不超过八小时、平均每周工作时间不超过四十四小时；因特殊原因需要延长工作时间的，在保障劳动者身体健康的条件下延长工作时间每日不得超过三小时，但是每月不得超过三十六小时。而且，加班是需要支付劳动报酬的。

· 各地区有最低工资制度，但最低工资一般不包括加班费、特殊工作环境条件下的津贴和法定福利待遇。

· “五险一金”是指用人单位给予劳动者的保障性待遇的合称，包括养老保险、医疗保险、失业保险、工伤保险和生育保险以及住房公积金。由于医疗保险和生育保险会逐步合并，因此将来会调整为“四险一金”。各地缴费比例不同，但不论多寡，用人单位有为员工代扣代缴社会保险的法律义务。

· 个人所得税也是通过用人单位代扣代缴。每年要进行个税申报。

· 学校不准以任何方式强迫毕业生签订就业协议和劳动合同，不准将毕业证书、学位证书发放与毕业生签约挂钩，不准以户档托管为由劝说毕业生签订虚假就业协议，不准将毕业生顶岗实习、见习证明材料作为就业证明材料。

第2话

关于职业生涯·诗与远方

How is Career Path Developing

职业生涯是一个生生不息的过程，有可能跨越空间，也必然跨越时间。尽管有些求职者有足够的能力和运气“一步到位”，在相当长的时间里稳定地工作和成长，但不得不承认的是，相当一部分求职者存在“先就业、后择业”的现象。因此，客观理性地评估一份工作的价值，适时把握时机做出改变，也能帮助大家获得成功和满意的工作。

首先，请像个成年人一样去对待工作吧！很多人的职业梦想来自“父母希望我成为××”，有的甚至连第一份工作都是父母一力“包办”，于是不知其然，更不知其所以然，因此不以为然，这样工作怎么能走心？不走心又怎么能获得自己与领导的共同认可呢？在《奈飞文化手册》(Netflex Building a Culture of Freedom and Responsibility)一书中，首席人才官帕蒂·麦考德指出：“我们只招成年人！”

结合他的观点，请各位求职者务必用成年人的心态去审视自己的工作：

· 成年人最渴望的奖励是“成功”。工作的目的是为了追求实现价值观、聪明才智与需要的生活方式；同时，通过勤奋与努力，实现物质上与精神上的双重收获并基本保持平衡，既不过分追名逐利，也不一味懈怠逍遥。

· 职业选择包含了无数妥协与让步，甚至是委屈。当遇到无法忍受的情况，不管别人怎么说，也要坚持守住自己的底线，不做让步，只有事实才能捍卫观点。

· 有梦想是值得被尊重的，无论现实多么骨感。

· 没有完美的工作。每份工作都有优缺点，只要能满足现阶段的关键需要，就算是好工作。若对现有工作抱有任何怨言，就要首先具备“骑驴找马”的意识和能力。

· 勇于尝试，有时候不试错、不交学费，经验值就充不到自己账户里。犯的错误、遇的小人都是人生中的重要机缘，善加利用，最后得实惠的还是自己。

· 高敬业度不代表高绩效，破除水晶玻璃心，做个能留也能走的真汉子。

如果自己和上述说法的契合率达到80%以上，那么说明成熟的职业心态已经形成，能够调整自己的情绪、心态和能力去主动适应，并能面对职场里的种种困扰。当然，即使成熟的职业个体也可能遭遇晋升天花板，无论怎样努力，依然感觉前途渺茫。这时候，该不该换工作对成年人来说，依旧是一个棘手的问题。这时，可以检视如下情形，审慎决策，以考虑是否调整职业坐标：

· 工作到一定阶段或层级，是否感受到需要打破瓶颈、突破自我，尝试新机会、接受新挑战。

· 工作 / 生活时间安排、家庭经济状况发生了变化。

· 价值观、职业兴趣、动机、职业心理状态发生了改变。

· 行业结构调整，就业机会和前景发生改变。

其次，能分辨什么是"好的工作"。"温水煮青蛙"这个实验真实地反映了很多人日复一日、年复一年地重复着他们不喜欢的工作，慢慢地，竟不以为煎熬，也从不花时间主动评估自己的职业生涯和工作，导致吐槽单位和领导怨气冲天者常有，而励精图治逆袭上位者不常有。在解决这类困境上，往往人们需要的不是排解压力，而是釜底抽薪。但是，要知道什么才是真正的成功和令人满意的工作。

"好的工作"只是通常意义上的"钱，要到位；心，不委屈"吗？钱，固然重要，没钱谁都委屈，然而它既不是职业成功的唯一起点和必然终点，也不是工作满意度的唯一来源。钱的多寡，反而不如挣钱的理由及方式重要；心的悲喜，亦更受乘舟侧畔笑看风云的驱使。随着年龄的增长和需求结构的升级复杂化，一份"好的工作"必须带来内在与外在的双重肯定，比如工作与价值观、个人性格的匹配，再比如发挥聪明才智后的名利双收。

最后，终身学习，持续为职业生涯充值开挂。如果不能一夜暴富、彻底退休，职业生涯恐怕要贯穿大多数人一半以上的人生。因此，必须养成持续评价市场需求、检验自身发展的习惯，经营维系职场朋友圈，保持职业再生能力。再生，是指如果一夕之间遇到裁员等情况失业，你还有能力跟得上行业节奏，跑得过平均工资。这种再生能力来源于不断地“对标”——与职场前辈在相似年龄段的发展平均情况对标，与跳槽来公司与自己年资相当的同事对标，与外部市场目标空缺职位对标。对标的过程，不仅要关注薪酬水平，更要关注任职资格与自身实力，这样才能时刻保持警醒，葆有可持续发展能力。

能力的不断进阶则离不开学习。不像校园中脱产学习那般悠游自在，工作后坚持学习是个很大的挑战，当然也绝不是 Mission Impossible（不可能任务）。工作中的晋升是最好的学习机会，是对技术实力和管理难度的升级和挑战。然而，并不是所有人都有纵向晋升的机会，那么争取横向拓展也是不错的选择，如单位内部的轮岗、兼职、跨部门小组、志愿者机会等，都可以开广阔眼界，加强团队合作意识与能力，提升组织协调能力。这些都属于工作中的学习（On-the-Job Training）。此外，随着智能手机等电子设备的普及，工作之余，各种碎片化学习工具和网络课程也能满足大家随时下单，上架新鲜培训课程的需要。学习，改变命运；而持续学习，则是 Hold 住职业生涯成功的秘密之源。

第3话

关于锦鲤·职场中的涅槃

How to Become a Legend?

大家喜欢把“招聘”比作“猎场”，将“职场”比作“江湖”，细品之下，不难发现其中蕴含着的残酷意味——优胜劣汰、适者生存。通过了就业的关隘，求职者还要面临无数绞杀与刀光剑影：专业不对口、领导给穿小鞋、办公室政治、部门间勾心斗角、利益群体的勾连、女性生育职场困境、女性晋升天花板、35岁现象、加班加到妻离子散、工作引发的抑郁症……

这些还是能以“霸凌”、“歧视”、“压榨”等冠名的困境，职场中还存在着更多难以言说的尴尬、委屈与冷遇。举个作者自己的例子吧，记得生娃以后坐了很长时间的冷板凳，期间正好轮到随同业务部门到海外访问，这是等待多年才轮上这么一次开阔业务视野的宝贵机会，然而在别人那非常顺利的流程，到笔者这就状况频出——

第一次派美国参加某公司年会，同去的运营部工作太忙无法派员，领导以业务部门无法成行为由，通知我这个陪绑的再等安排；第二次派澳大利亚参加培训，同去的综合部工作太忙无法派员，领导再以业务部门无法成行为由，通知再等安排；第三次派瑞士参加研讨会，同去的研究部工作太忙无法派员，领导又以业务部门无法成行为由，通知再等安排；第四次派新加坡，笔者没等业务部门反馈，自己干脆写上：由于招聘工作太忙，无法安排，自己派不出自己去……

每个看似亮丽的职场人背后，其实都堆砌着无数个看似啼笑皆非的段子，心理要自行调适，伤口要暗自舔舐，才能翻过重重高墙。

江湖险恶，何以解忧？

在“职场新人”向“职场锦鲤”转化的过程中，我们特别强调“方法论”，比如：了解认识自我、解读意图、沟通技巧、三分钟营销、职场心态建设……正是这些方法，能够从求职、面试这些个小场景，移植到未来无限的工作情境中，特别是推广到那些难以应付的职场困境中，通过有效的沟通，争取资源、展示实力、建立影响，持续散播红利。

当然，掌握了方法，初级选手还需要在职业生涯中通过不断的反思与学习，突破重重结界，在能力素质上不断飞升；通过健康的价值观与行为，营造与维护健康公平的职场环境，造福机构与同事。通过良性循环的不断积累，最后涅槃重生，变身成为能够享受职业生涯，真正为“心悦”而工作（work for fun）的“职场锦鲤”。这也就是之前在本书的使用说明中提到的：

第一重结界：了解“求职与职场”，正确认识自己，成为掌握求职基本技巧的锦鲤1.0

了解就业市场这个大坐标系与其中的招聘活动，利用本书提供的模板、模型、能力词汇、关键动词等，拟写出一份基础简历，准备4~5个案例以应付开放式问题和面试，能够在求职与职场中展示出自己某些侧面的实力。

第二重结界：解读“匹配”，初塑职业形象，具备一定职业能力素质的表现力，成为手握Offer的锦鲤2.0

理解机构与个人、个人与职位是如何通过能力素质匹配的，能够正确地对接个人能力、意愿、价值观，通过客户化求职材料、完善面试准备、修饰外部形象以展示职业风采；初步掌握沟通技巧，搞定求职中的面试、谈offer等基本动作。

第三重结界：懂得“规则”，能够发挥主动性，维护职场秩序守则，成为合格从业者的锦鲤3.0

通过求职了解职场的游戏规则，从“匹配”的角度出发重视自身职业素养的提升与职业道德的培养，用才华把握机遇，以专业精神灌注个人职场品牌的灵魂，积累职场信用，从而葆有可持续发展实力与职业魅力。

第四重结界：悟到“成长”，有能力规划自我成长、保持终身学习，成为具备领导潜质的锦鲤4.0

了解工作与人是一种相辅相成、互相促进“双螺旋”关系，即工作推进性地要求个体不断成长，个体通过更好地完成工作实现自我价值。职场中，“人”与“工作”是相互成全的，用才智赋能工作，其含金量必然提升，而所在岗位上的“人”也就成为不可或缺的人力资本。

第五重结界：掌握“规律”，能够敏锐挖掘机遇，随时爆发出兴奋点，成为事半功倍、轻松晋级的锦鲤5.0

了解职场与工作的运转模式和方法论，适应并顺应企业文化，摸清领导同事的脾气秉性，通过掌握周围资源进行自我调整，顺应它、适应它、运用它，借力升级。不需要用力过猛，依着巧劲，发挥着巧实力，就已沉舟侧畔千帆过。

第六重结界：通达“人生”，了解“本我”，追寻“真我”，成为掌握人生与事业双赢的方法与心法的锦鲤6.0

真正地将自己的理想、需求与工作匹配，将工作升级为事业，将“我成功”升级为“我们成功”，将“work for 饭”升级为“work for fun”，在获得自身与外界双重认可的同时，不忘初心、无谓得失、淡定自在，成为能够走出困局的自在人——而这，才是本书的终极愿景。

☆本章小结☆

本章意在帮助求职者厘清确定劳动关系过程中的相关程序和权益，顺利地迈出职场的第一步！

然而，随着信息化社会不断迭代，人力资源市场将会愈加成熟，“职场”和“职业”的概念将会无限扩张，只要有想法，谁都有机会成就星火燎原……虽说一时的功成名就离普通人越来越近，可是持续成功和幸福感却仅仅瞩目那些心智成熟、清楚自己要什么、自我激励发展的个体。

因此，本书的完结篇是期望，能将求职者“扶上马，再相送一程”，认识到求职虽有完结，而职业生涯没有终章。希望大家能秉承着职业精神，应用与发扬求职中的通用方法论，不断超越自我，不断腾跃龙门，不断涅槃飞升，不断夺取新的成功。

Epilogue
结　语

西风烈，长空雁叫霜晨月。
霜晨月，马蹄声碎，喇叭声咽。
雄关漫道真如铁，而今迈步从头越。
从头越，苍山如海，残阳如血。

——《忆秦娥·娄山关》毛泽东

职业生涯亦是漫漫长征，那些阻碍前行的西风，那些呜咽不绝的噪音，都预示艰辛与苦楚——

如果求职成功有工作即为“生”的话，那么逐渐成熟世故即为“老”，出现问题困惑即为“病”，被市场抛弃即为“死”，偶遇小人即为“怨憎会”，退休离职即为“爱别离”，久困天幕之下即为“求不得”，人生六苦，职场亦六苦。

然而，不要忘记，只要抬头看看远方，就会发现苍山环碧，夕阳如血，雄关漫道通向远大前程，只要不惧从零开始，不懈挣扎战斗，不满小成小就，不弃理想宏愿，不忘纯洁初心，找寻真理之路、方法之钥，成功就在灯火阑珊、柳暗花明处。

奔跑吧，兄弟姐妹们，
腾跃吧，职场小锦鲤，
你我，皆未来可期！